Aspekte|neu
Mittelstufe Deutsch

Intensivtrainer 1

von
Marion Lütke

inlingua Nürnberg
Bahnhofsplatz 6 - 90443 Nürnberg

Telefon: +49 911 240 56 20
EMail: nuernberg@inlingua.de

Ernst Klett Sprachen
Stuttgart

Von: Marion Lütke

Redaktion: Carola Jeschke, München
Umschlaggestaltung: Studio Schübel, München (Foto Treppe: drsg98 – Fotolia.com; Foto Grashalm: Eiskönig – Fotolia.com)
Zeichnungen: Daniela Kohl

Verlag und Autoren danken allen Kolleginnen und Kollegen, die Aspekte | neu erprobt und mit wertvollen Anregungen zur Entwicklung des Lehrwerks beigetragen haben.

Aspekte | neu 1 – Materialien

Lehrbuch mit DVD	605015
Lehrbuch	605016
Audio-CDs zum Lehrbuch	605020
Arbeitsbuch mit Audio-CD	605017
Lehr- und Arbeitsbuch 1 mit Audio-CD, Teil 1	605018
Lehr- und Arbeitsbuch 1 mit Audio-CD, Teil 2	605019
Lehrerhandbuch mit digitaler Medien-DVD-ROM	605021
Intensivtrainer	605022

www.aspekte.biz
www.klett-sprachen.de/aspekte-neu

Symbole im Intensivtrainer

 Diese Aufgaben sind zum Wiederholen und Auffrischen geeignet.

Modul 1 Diese Übungen im Intensivtrainer sind den entsprechenden Modulen im Lehrbuch 1 zugeordnet.

1. Auflage   1 ^{5} ^{4} | 2019 18 17

© Ernst Klett Sprachen GmbH, Rotebühlstraße 77, 70178 Stuttgart, 2017
© der Originalausgabe: Klett-Langenscheidt GmbH, München, 2014

Satz und Repro: Satzkasten, Stuttgart
Gesamtherstellung: Print Consult GmbH, München

ISBN 978-3-12-605022-7

MIX
Papier aus verantwor-
tungsvollen Quellen
FSC® C084279

Inhalt

Leute heute

Auftakt **1** *Familie/Familienstand* oder *Wohnen*? Welche Wörter passen zu welchem Thema? Schreiben Sie die Wörter in die Häuser.

Familie/
Familienstand

_____

_____

_____

_____

_____

alleinerziehend   aufwachsen

der Apartmentkomplex

bauen   das Dorf   die Ehefrau

die Eltern   der Garten   geschieden

getrennt   die Großeltern   kinderlos

die Kleinstadt   die Mietwohnung

die Tante   die Tochter   der Sohn

die Wohngemeinschaft

verheiratet   verwandt

Wohnen

_____

_____

_____

_____

_____

_____

Modul 1 **2** Träume. Welche Verben passen? Ergänzen Sie.

(sich) einen Traum

aufgeben

3 Eine Biografie. Welche Verben passen? Ordnen Sie zu.

1. ____ zur Welt   6. ____ das Studium   a heiraten   f gehen

2. ____ zur Schule   7. ____ ein Kind   b machen   g verbringen

3. ____ das Abitur   8. ____ sich scheiden   c lassen   h arbeiten

4. ____ Kunst   9. ____ in einem Museum   d kommen   i studieren

5. ____ den besten Freund 10. ____ ein Jahr im Ausland   e bekommen   j beenden

Modul 2 **4a** Eigenschaften. Wie heißt das Gegenteil? Notieren Sie.

1. unzufrieden _____   6. nervös   _____

2. verschlossen _____   7. unordentlich _____

3. sicher   _____   8. ernst   _____

4. ungeduldig   _____   9. ehrlich   _____

5. unfreundlich _____   10. tolerant   _____

b **Menschen und ihre Eigenschaften. Bilden Sie die Adjektive zu den Nomen.**

1. die Arroganz _____
2. die Bescheidenheit _____
3. der Charme _____
4. der Ehrgeiz _____
5. die Ehrlichkeit _____

6. der Egoismus _____
7. die Geduld _____
8. die Hilfsbereitschaft _____
9. die Offenheit _____
10. die Zuverlässigkeit _____

5 **Freundschaft. Ergänzen Sie die Sätze mit den Begriffen aus dem Kasten. Ein Wort kommt zweimal vor.**

bester Freund	echte Freunde	ewige Freundschaft	gute Bekannte
Freundschaft	Freundschaft	große Liebe	feste Freundin

Paul war mein (1) _____. Schon im Kindergarten haben wir uns

(2) _____ geschworen. „(3) _____ halten

immer zusammen", haben wir gesagt. Niemand kann unsere (4) _____

zerstören, haben wir gedacht. Aber als Paul dann eine (5) _____ hatte,

wurde alles anders. Er hat dann seine (6) _____ geheiratet und seitdem

sind wir nur noch (7) _____. Aber wir machen uns immer noch Geschenke

zum Geburtstag. Denn das Sprichwort sagt: Kleine Geschenke erhalten die (8) _____.

Modul 4 **6a** **Bilden Sie Komposita mit dem Wort *Glück*.**

1. der Pilz _____
2. die Zahl _____
3. der Moment _____
4. der Wunsch _____

5. der Forscher _____
6. das Hormon _____
7. das Spiel _____
8. der Anfänger _____

b **Welche Erklärung passt zu den Ausdrücken? Ergänzen Sie die entsprechende Nummer aus 6a.**

____ a Es heißt auch Endorphin.

____ b Man macht etwas zum ersten Mal und man macht es sehr gut.

____ c Ein Wissenschaftler aus dem Bereich der Psychologie und Medizin.

____ d Ein Augenblick, in dem man glücklich ist.

____ e Soll zum Beispiel bei der Lotterie Glück bringen.

____ f Roulette oder Black Jack, zum Beispiel.

____ g Ein Mensch, der viel Glück hat.

____ h Eine Gratulation zu einem besonderen Fest.

Redemittel

7 **Die erste Friedensnobelpreisträgerin. Schreiben Sie einen biografischen Text über Bertha von Suttner. Gehen Sie dabei auf folgende Punkte ein und benutzen Sie die Redemittel aus Modul 3, Aufgabe 3a.**

1. Vorstellen (Bertha von Suttner)
2. Herkunftsland (Österreich)
3. Geburtsdatum (9. Juni 1843)
4. Eltern (aristokratische Familie)
5. Engagieren (Frieden, Pazifismus)
6. Veröffentlichen (1889 Roman: „Die Waffen nieder!")
7. Gründen (1892 Deutsche Friedensgesellschaft)
8. Besondere Auszeichnung (1905 Friedensnobelpreis)

1. _Ich möchte_ _____

2. _____

3. _____

4. _____

5. _____

6. _____

7. _____

8. _____

8 **Die besten Wünsche! Glückwünsche, Gratulationen, Grüße, Freude ausdrücken. Was passt? Kreuzen Sie an.**

1. Sie möchten Ihrer Chefin zu der Geburt ihrer Tochter gratulieren.

   [a] Viel Glück für die Geburt!   [b] Meine herzlichsten Glückwünsche zur Geburt!

2. Ein Freund von Ihnen liegt mit gebrochenem Bein im Krankenhaus. Sie schreiben ihm eine SMS.

   [a] Glück gehabt!   [b] Gute Genesung!

3. Freunde von Ihnen haben ein neues Haus gebaut und sind nun eingezogen.

   [a] Beste Grüße ans neue Zuhause!   [b] Ich freue mich für euch!

4. Ein Freund von Ihnen hat seinen Traumjob gefunden.

   [a] Herzlichste Grüße!   [b] Das ist ja eine tolle Nachricht.

5. Sie schreiben Ihren Eltern aus dem Urlaub.

   [a] Meine allerbesten Grüße an euch.   [b] Das freut mich riesig!

9 **Meinungen anzweifeln, widersprechen, zustimmen. Reagieren Sie.**

1. Geld allein macht nicht glücklich. _____

2. Wahre Freunde sind echtes Glück. _____

3. Glück macht Mut. (*Goethe*) _____

4. Nichts altert so schnell wie das Glück. (*Wilde*) _____

5. Das Glück der Erde liegt auf dem Rücken der Pferde. _____

6. Ein glücklicher Mensch ist seltener als eine weiße Krähe. _____

Modul 1 **10a Eine Wortschlange. Suchen Sie 15 Partizipien Perfekt in der Wortschlange. Welche Verben bilden das Partizip mit *sein*? Markieren Sie mit *.**

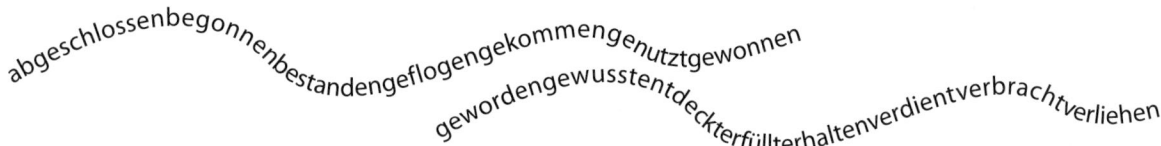

abgeschlossenbegonnenbestandengeflogengekommengenutztgewonnengewordengewusstentdeckterfüllterhaltenverdientverbrachtverliehen

b Ordnen Sie die Partizipien dem passenden Typ zu.

regelmäßig		unregelmäßig		
ohne Präfix	untrennbar	ohne Präfix	untrennbar	trennbar

c Notieren Sie die Verben aus 10a im Infinitiv und bilden Sie das Präteritum.

1. *abschließen/schloss ab*   6. _____   11. _____

2. _____   7. _____   12. _____

3. _____   8. _____   13. _____

4. _____   9. _____   14. _____

5. _____   10. _____   15. _____

d Einen Traum leben. Markus L. (20 Jahre) erzählt. Ergänzen Sie den Text mit den Verben aus dem Kasten in der richtigen Zeitform. Einige Verben werden nicht gebraucht.

arbeiten	bestehen	brauchen	erfüllen	fahren	fliegen	haben
leben	machen	sein	sparen	verändern	verdienen	wollen

Letztes Jahr habe ich Abitur (1) _____. Ich habe sogar mit einer sehr guten Note

(2) _____. Danach habe ich den ganzen Sommer (3) _____ und

viel Geld (4) _____. Und dann endlich habe ich mir meinen großen Traum

(5) _____. Ich bin erst mit dem Flugzeug nach Caracas (Venezuela) und dann weiter

nach Puerto Ayacucho (6) _____. Von dort aus bin ich mit einem kleinen Boot zu den

Yanomani-Indianern (7) _____. Dafür (8) _____ man als Tourist

eine Erlaubnis. Drei Monate habe ich dort im Dschungel mit den Yanomani (9) _____.

Es (10) _____ nicht immer leicht, aber eine unvergessliche Erfahrung, die mein

Leben (11) _____ hat! Jetzt weiß ich, dass ich Anthropologie studieren

(12) _____.

Grammatik

e Fakten über Anne-Sophie Mutter. Welches Verb passt?

Anne-Sophie Mutter

Anne-Sophie Mutter (1) ⓐ kam ⓑ wurde ⓒ wollte im badischen Rheinfelden zur Welt. Sie (2) ⓐ wusste ⓑ wollte ⓒ wurde schon als Kind, was sie (3) ⓐ begann ⓑ wollte ⓒ nutzte. Bereits als Siebenjährige (4) ⓐ verlieh ⓑ entdeckte ⓒ gewann sie einen Preis. Herbert von Karajan (5) ⓐ erhielt ⓑ entdeckte ⓒ begann sie und so (6) ⓐ begann ⓑ wollte ⓒ nutzte ihre internationale Karriere als Solistin. Sie (7) ⓐ begann ⓑ bekam ⓒ wurde schnell berühmt. Sie (8) ⓐ wusste ⓑ nutzte ⓒ wollte ihre Berühmtheit zu sozialem Engagement. Dafür (9) ⓐ kam ⓑ verlieh ⓒ erhielt sie mehrere Preise und Auszeichnungen.

f Mutter Teresa. Präsens, Perfekt, Präteritum oder Plusquamperfekt? Setzen Sie die Verben in der richtigen Zeitform ein.

Agnes Gonxha (1. kommen) _____ 1910 im heutigen Mazedonien zur Welt. Nachdem sie ihre Schulausbildung an einer katholischen Mädchenschule (2. abschließen) _____,

(3. entscheiden) _____ sie sich dafür, ins Kloster zu gehen. Zuerst (4. sein) _____ sie zwei Monate in einem Kloster in Irland, aber dann (5. gehen) _____ sie nach Indien. Nachdem sie viele Jahre in Kalkutta an einer Schule (6. arbeiten) _____,

(7. treffen) _____ sie eine wichtige Entscheidung. Sie (8. wollen) _____ den Armen helfen und (9. leben) _____ von nun an mit ihnen auf der Straße. Nachdem sie sich viele Jahre lang um die Armen (10. kümmern) _____,

(11. erhalten) _____ sie 1979 den Friedensnobelpreis. Aber Mutter Teresa

(12. haben) _____ schon Kritiker, als sie noch (13. leben) _____. Und auch heute noch (14. geben) _____ es viele Kritiker.

Modul 3 **11** Setzen Sie das Personalpronomen in der richtigen Form ein.

1. Ich gratuliere (du) _____ ganz herzlich zum Geburtstag.

2. Wir ziehen um und am Samstag ist bei (wir) _____ eine Einweihungsparty.

3. Hiermit laden wir (ihr) _____ herzlich ein.

4. Wir wünschen (ihr) _____ viel Glück im neuen Zuhause.

5. Ich kann nicht kommen, bitte bestell (sie, Pl.) _____ ganz liebe Grüße von (ich) _____.

6. Meine allerbesten Glückwünsche zu (Sie) _____ Dienstjubiläum.

7. Kannst du (er) _____ das Geschenk von (ich) _____ geben?

8. Nächstes Jahr möchte ich (ich) _____ endlich meinen großen Traum erfüllen.

9. Sie hat die Prüfung bestanden! Ich freue mich riesig für (sie) _____.

10. Es freut (ich) _____, dass du gekommen bist.

12a Verben und ihre Ergänzungen. Verben ohne Ergänzung, Verben mit Akkusativ, Verben mit Dativ, Verben mit Akkusativ und Dativ. Ordnen Sie zu.

| besiegen besitzen beweisen erzählen fahren geben gefallen helfen |
| heiraten kämpfen kennen leben sagen schützen steuern sterben tragen |

Ohne Ergänzung	Verb + Akkusativ	Verb + Dativ	Verb + Akk. / Dativ

b Superhelden. Ergänzen Sie die Objekte in der richtigen Form. Achten Sie auf Plural (Pl.) oder Singular (Sg.).

Wir kennen (1. ein Superheld, Pl.) _____ aus Kino und Comics.

Filme und Comics erzählen (2. wir) _____ oft (3. eine unglaubliche

Geschichte, Pl.) _____. Superhelden leben alleine,

kämpfen hart, fahren (4. ein Rennwagen, Pl.) _____ und steuern

(5. ein Flugzeug, Pl.) _____ wie die Weltmeister. Viele besitzen

(6. eine übernatürliche Kraft, Pl.) _____. Und oft

tragen sie (7. ein Kostüm, *Sg.*) _____. Sie helfen (8. der Mensch, Pl.)

_____ und retten (9. die Welt, *Sg.*) _____. Sie schützen (10. der Mensch, Pl.)

_____ vor (11. die böse Macht, Pl.) _____. Nie geben sie

(12. der Gegner, *Sg.*) _____ (13. eine Chance, *Sg.*) _____. Sie sterben

nicht und besiegen natürlich (14. der Gegner, *Sg.*) _____. Und manchmal heiraten

sie am Ende auch (15. die schönste Frau, *Sg.*) _____. Batman, Spiderman,

Iron Man, X-Men und viele andere Superhelden beweisen (16. wir) _____, dass (17. viele Menschen)

_____ (18. diese Geschichte, Pl.) _____ gefallen. Und

wer ist Ihr Lieblingsheld? Sagen Sie (19. ich) _____ (20. die Wahrheit) _____!

13 NGOs. Ergänzen Sie die Präpositionen und setzen Sie, wenn nötig, auch das Artikelwort ein.

1. Ärzte ohne Grenzen hilft in armen Ländern _____ _____ Arbeit in Krankenhäusern.
2. Amnesty International setzt sich weltweit _____ _____ Menschenrechte ein.
3. Greenpeace engagiert sich international _____ _____ Umweltschutz.
4. Der Tierschutzbund protestiert _____ _____ Tierversuche.
5. Terre des hommes kümmert sich _____ _____ Kinder weltweit.
6. Foodwatch schützt die Verbraucher _____ _____ ungesunden Lebensmitteln.
7. Die Organisation Robin Hood kämpft unter anderem _____ _____ Sterben der Wälder.
8. BirdLife International hat sich weltweit _____ _____ Vogelschutz spezialisiert.

Wortschatz-Hitparade

Nomen

das Abitur, –	_____	die Hilfsbereitschaft *Sg.*	_____
das Ausland, –	_____	die Karriere, -n	_____
die Auszeichnung, -en	_____	das Kostüm, -e	_____
die Bescheidenheit, -en	_____	die Lotterie, -n	_____
der Ehrgeiz *Sg.*	_____	die Macht, "-e	_____
die Einweihungsparty, -s	_____	die Offenheit *Sg.*	_____
das Endorphin, -e	_____	der Rennwagen, –	_____
die Entscheidung, -en	_____	der Umweltschutz *Sg.*	_____
die Erfahrung, -en	_____	die Wahrheit, -en	_____
die Erlaubnis, -se	_____	der Weltmeister, –	_____
der Forscher, –	_____	der Wissenschaftler, –	_____
der Friedensnobelpreis, -e	_____	der Wunsch, "-e	_____
das Herkunftsland, "-er	_____	das Zuhause *Sg.*	_____

Verben

altern	_____	gründen	_____
aufwachsen	_____	kämpfen (für/gegen)	_____
bauen	_____	(sich) kümmern (um)	_____
besiegen	_____	schützen (vor)	_____
besitzen	_____	sich spezialisieren (auf)	_____
bestehen	_____	sterben	_____
sich einsetzen (für)	_____	steuern	_____
entdecken	_____	verbringen	_____
erhalten	_____	verleihen	_____
gewinnen	_____	veröffentlichen	_____

Adjektive

alleinerziehend	_____	kinderlos	_____
ehrgeizig	_____	übernatürlich	_____
ehrlich	_____	unglaublich	_____
gebrochen	_____	verschlossen	_____
geduldig	_____	wahr	_____
heutig	_____	zufrieden	_____

Andere Wörter

weiter	_____	weltweit	_____

14 Meine Lieblingsverben mit Präpositionen. Ergänzen Sie. Finden Sie zu jeder Präposition drei Verben und achten Sie auf den Kasus.

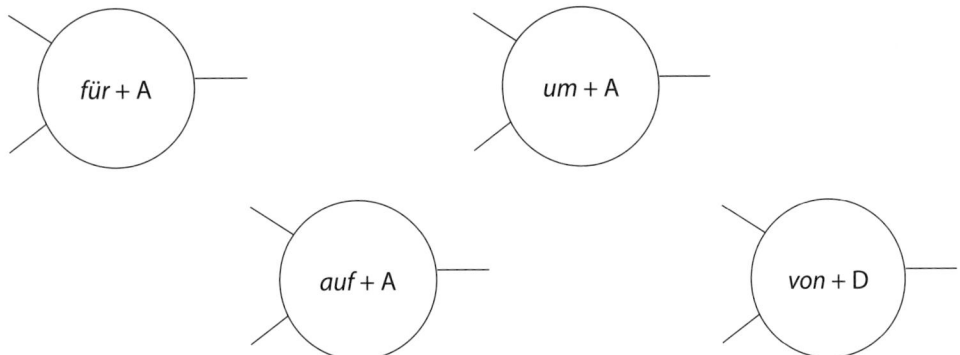

für + A

um + A

auf + A

von + D

15 *Unmöglich?* Bilden Sie sechs Adjektive mit *un* …

1. *un* _____
2. *un* _____
3. *un* _____
4. *un* _____
5. *un* _____
6. *un* _____

16 Wichtige Ausdrücke und Sätze. Schreiben Sie in Ihrer Sprache.

Ich stehe auf dem Standpunkt, dass … _____

Da haben Sie völlig recht. _____

Ich habe da so meine Zweifel. _____

Das ist eine tolle Nachricht! _____

Ich freue mich riesig! _____

Meine größte Schwäche ist … _____

17 Wörter und Sätze, die Sie wichtig finden:

Deutsch: Ihre Sprache:

_____ _____

_____ _____

_____ _____

_____ _____

_____ _____

_____ _____

_____ _____

18 Mein Text. Im Internet haben Sie einen Artikel über Glückssymbole und Aberglauben gelesen. Schreiben Sie einen Forumsbeitrag und berichten Sie darin über Aberglauben in Ihrem Land, über die wichtigsten Glückssymbole in Ihrem Land und Ihre persönliche Meinung dazu.

Wohnwelten

1a **Meine neue Wohnung. Wo ist welches Zimmer? Schreiben Sie die Wörter mit Artikel.**

Bad	Flur	Gästebad	Gästezimmer	Kinderzimmer
Küche	Schlafzimmer	Wintergarten	Wohn-Esszimmer	WC

1. _____
2. _____
3. _____
4. _____
5. _____
6. _____
7. _____
8. _____
9. _____
10. _____

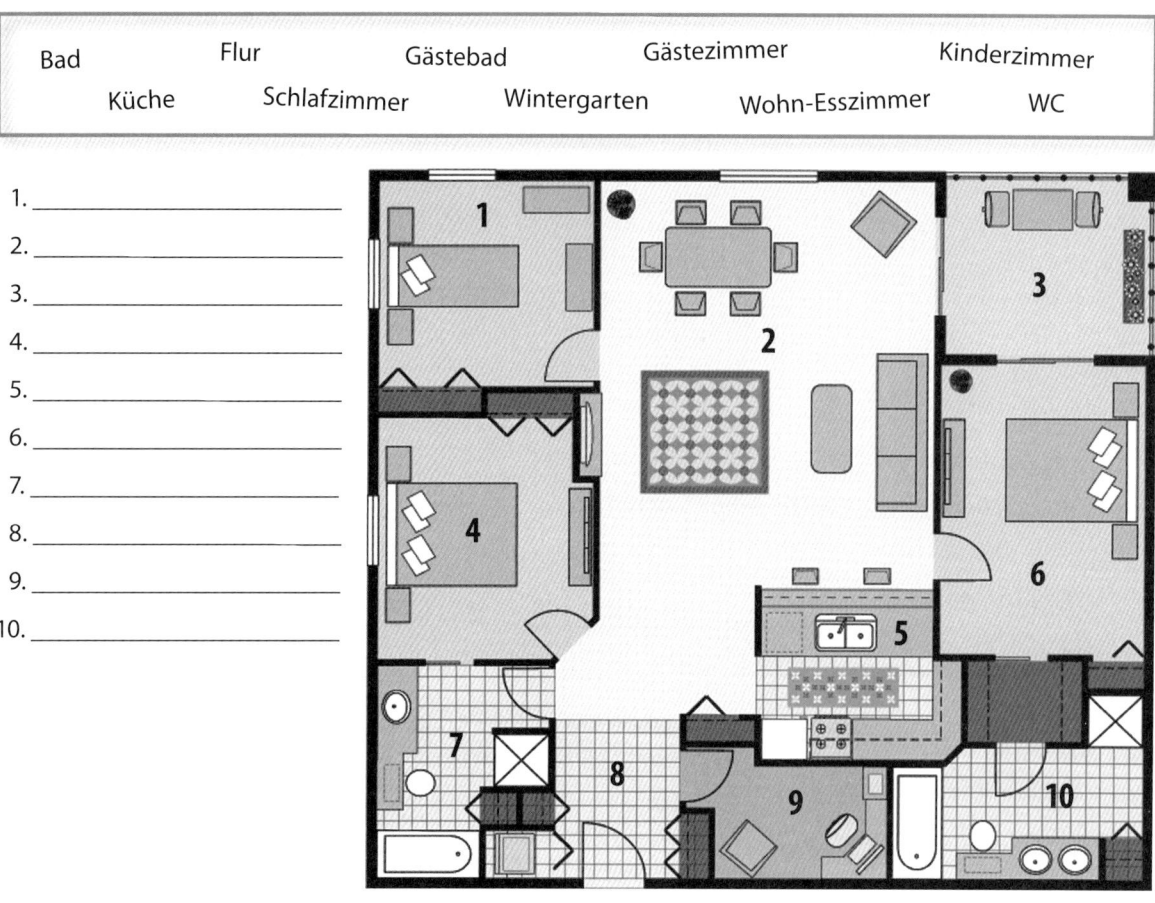

b **Die neue Wohnung einrichten. Notieren Sie für jedes Zimmer mindestens drei Gegenstände.**

Bad	Küche	Wohnzimmer	Schlafzimmer
_____	_____	_____	_____
_____	_____	_____	_____
_____	_____	_____	_____
_____	_____	_____	_____
_____	_____	_____	_____
_____	_____	_____	_____
_____	_____	_____	_____

2 **Auf dem Land (a) leben oder in einer Großstadt (b) wohnen? Was passt? Ordnen Sie zu.**

1. _____ die Natur lieben
2. _____ jeden Tag ins Kino gehen
3. _____ einen großen Garten haben
4. _____ einen Tiefgaragenplatz haben
5. _____ eigenes Gemüse ernten

6. _____ kein Auto brauchen
7. _____ nicht ohne Hektik leben können
8. _____ sich unter vielen Menschen wohlfühlen
9. _____ viele Kneipen in der Nähe haben
10. _____ frische Luft atmen

Modul 1 **3a Rund um die Wohnung. Bilden Sie acht Wörter. Notieren Sie die Wörter mit Artikel.**

1. AGETIGAREF _____   5. TOKAINU _____

2. LEKARM _____   6. TERMITUNREE _____

3. BENKONNETSE _____   7. GUZMU _____

4. HOZEIWANNGENGUS   8. WAPETYHUINGRESIN

_____   _____

b Welche Wörter aus 3a passen zu welcher Erklärung? Notieren Sie.

1. Eine Person, die nur einen Teil einer Wohnung gemietet hat. _____

2. Ein Fest, wenn man eine neue Wohnung hat. _____

3. Kurzer Text, in dem man eine Wohnung sucht oder anbietet. _____

4. Ein Beruf, bei dem man Wohnungen vermittelt. _____

5. Ort, wo man sein Auto unterirdisch parken kann. _____

6. Geldbetrag, den man als Sicherheit hinterlegt. _____

7. In eine neue Wohnung wechseln, um da zu leben. _____

8. Geld für Heizung, Wasser, Müllabfuhr etc. _____

4a Wortschlange. Finden Sie zwölf Verben in der Wortschlange.

ansehenaufstehenaufräumenbeginnenbezahleneinrichtenerzählengefallenumbauenverkaufenverstehenzerreißen

b Kann man das mit und in einer Wohnung machen? Welche sechs Verben aus 4a passen zu Wohnung? Ergänzen Sie.

Wohnung

Modul 2 **5 Bilden Sie Adjektive mit -los. Von welchen Nomen kann man kein Adjektiv mit -los bilden?**

1. die Angst _____   7. der Freund _____

2. die Arbeit _____   8. die Hilfe _____

3. die Armut _____   9. die Hoffnung _____

4. die Chance _____   10. das Obdach _____

5. der Erfolg _____   11. die Perspektive _____

6. die Einsamkeit _____   12. die Zeit _____

Was bedeutet das Suffix -los? Erklären Sie. _____

Redemittel

Auftakt **6** **Das ist ja super! Reagieren Sie positiv.**

1. Gestern habe ich mir eine Wohnung angesehen! – _____ (erzählen)

2. Ich habe sie sofort genommen! – _____ (toll sein)

3. Sie liegt direkt am Stadtpark. – _____ (Lage, optimal)

4. Alle Zimmer sind sehr geräumig. – _____ (super, anhören)

5. Die Miete ist auch nicht hoch. Ich bin froh, dass ich die Wohnung genommen habe. –

_____ (goldrichtig sein)

Modul 1 **7** **Wohnen in Deutschland und der EU. Eine Statistik auswerten. Ordnen Sie zu.**

1. _____ In 12% der Haushalte in Deutschland leben vier oder mehr Personen.

2. _____ 34,4% der Bevölkerung in der EU leben in Einfamilienhäusern.

3. _____ 25% der Studenten in Deutschland leben in Wohngemeinschaften.

4. _____ Die Deutschen geben im Durchschnitt 22,5% ihres Einkommens für
   die Miete aus.

5. _____ 78% der 18- bis 24-jährigen Männer in der EU wohnen bei ihren Eltern.

6. _____ 90% der Haushalte in Deutschland haben Internetanschluss.

7. _____ 50,8% der Deutschen kaufen oft neue Möbel für ihre Wohnung.

8. _____ 49% der Deutschen leben in einer Mietwohnung.

a ein Viertel

b den wenigsten

c fast alle

d knapp die Hälfte

e knapp ein Viertel

f mehr als die Hälfte

g mehr als drei Viertel

h über ein Drittel

Modul 4 **8a** **Entscheidungen treffen ist nicht leicht. Ein Dialog. Welche Reaktion passt? Kreuzen Sie an.**

1. Ich habe eine Wohnung gefunden.
   - [a] Dann kannst du ja jetzt endlich ausziehen!
   - [b] Wie meinst du das?

2. Ein Umzug? Ich bin mir nicht sicher, ob ich das schaffe.
   - [a] Wir helfen dir schon.
   - [b] Dann kannst du ja jetzt umziehen.

3. Und dann habe ich jetzt auch noch einen neuen Job.
   - [a] Es ist nicht einfach, aber du schaffst das.
   - [b] Das kann ich dir nicht versprechen!

4. Mein Freund will mit mir zusammenziehen.
   - [a] Versteh mich nicht falsch.
   - [b] Überleg dir das gut!

5. Er will, dass ich meine Entscheidung schnell treffe.
   - [a] Ich befürchte nur, du kannst dir Zeit lassen.
   - [b] Wäre es nicht besser, du lässt dir Zeit?

b **Von zu Hause ausziehen? Unterstützen Sie die Idee und geben Sie Ratschläge. Was passt zusammen? Ordnen Sie zu.**

1. _____ Ich denke,

2. _____ Du könntest

3. _____ Wenn du mich fragst,

4. _____ Auf keinen Fall solltest du

5. _____ An deiner Stelle würde ich

6. _____ Am besten

a dir eine Wohngemeinschaft suchen.

b länger bei deinen Eltern wohnen.

c dass es höchste Zeit ist, von zu Hause auszuziehen.

d ist es wichtig, selbstständig zu werden.

e wäre es doch, wenn wir zusammen in eine WG ziehen, oder?

f mir eine Wohngemeinschaft in der Nähe der Uni suchen.

Modul 1 **9a** Suchen Sie die Präfixe in der Wortspirale und ordnen Sie diese den beiden Gruppen zu.

trennbar   untrennbar

einmitnachver
herher   vor
geher   wei
ter   ter
ge   zer
inter   zu
bei   auf
 einenten   ab
ausbebeinent
abnau

b Suchen Sie Präfixe aus 9a und bilden Sie Verben. Manchmal gibt es mehrere Möglichkeiten.

1. _____sehen   4. _____räumen   7. _____zählen

2. _____waschen   5. _____setzen   8. _____machen

3. _____packen   6. _____spannen   9. _____kommen

c Notieren Sie die Verben aus 9b im Partizip II.

_angesehen_____   _____   _____

_____   _____   _____

_____   _____   _____

d Aufräumen und sich entspannen. Ergänzen Sie die Imperativsätze mit den Verben in den Klammern. Vergessen Sie nicht das Präfix.

1. (_ _sehen) _____ dir die Küche _____!

   (_ _waschen) _____ doch bitte die Teller _____!

2. (_ _ _packen/_ _ _räumen) _____ die Einkaufstasche _____

   und _____ die Sachen _____!

3. Endlich fertig! (_ _ _setzen) _____ dich _____ und (_ _ _spannen)

   _____ dich!

4. Wie war dein Tag? (_ _zählen) _____ doch mal!

5. Es klingelt! (_ _ _machen) _____ bitte mal die Tür _____!

6. Ja, hallo! (_ _ _ _ _ _kommen) _____ doch _____!

e Nicht so wichtig? Lehnen Sie die Aufforderungen aus 10d höflich ab. Benutzen Sie dazu den Infinitiv mit *zu*.

1. Es ist jetzt nicht so wichtig, _____.

2. Es ist jetzt nicht der richtige Moment, _____.

3. Findest du es nicht wichtiger, _____.

4. Ich habe gar keine Zeit, _____.

5. Hast du keine Lust, _____.

Grammatik

10 Seid ihr im Zeitplan? Habt ihr schon angefangen? Welche Verbform passt?

Hallo ihr beiden!

Wir möchten euch zu eurem neuen Haus (1) [a] zu gratulieren [b] gratuliert [c] gratulieren. Habt ihr das Haus schon (2) [a] renovieren [b] renoviert [c] zu renovieren? Und habt ihr mal überlegt, das Dachgeschoss (3) [a] umbauen [b] umgebaut [c] umzubauen? Müsst ihr noch viele neue Möbel (4) [a] zu kaufen [b] kaufen [c] gekauft? Es fällt euch schwer, euch (5) [a] entschieden [b] entscheiden [c] zu entscheiden? Vielleicht geht es schneller, die Möbel in einem Katalog (6) [a] aussuchen [b] auszusuchen [c] ausgesucht, dann habt ihr mehr Zeit, den Umzug (7) [a] vorbereiten [b] zu vorbereiten [c] vorzubereiten. Habt ihr noch nicht angefangen, eure Sachen (8) [a] einzupacken [b] zu einpacken [c] einpacken? Wenn ihr wollt, können wir gerne (9) [a] vorbeigekommen [b] vorbeikommen [c] vorbeizukommen und helfen. Sicher macht es auch viel Spaß, ein Haus (10) [a] einrichten [b] zu einrichten [c] einzurichten. Und habt ihr euch auch schon mal Kinderzimmer (11) [a] ansehen [b] anzusehen [c] angesehen? Auf jeden Fall wird es sicher nicht schwer, sich in eurem neuen Haus (12) [a] wohlfühlen [b] zu wohlfühlen [c] wohlzufühlen. Ist eure Küche noch nicht (13) [a] aufbauen [b] aufzubauen [c] aufgebaut? Dann könnt ihr gerne bei uns essen. Ihr seid herzlich (14) [a] einzuladen [b] eingeladen [c] einladen.

LG

Isabell und Martin

Modul 3 **11a** n-Deklination. Welches Nomen passt nicht in die Reihe? Streichen Sie durch. Manchmal sind es mehrere Nomen, die nicht passen.

1. Affe – Löwe – Rabe – Bär – Vogel – Schimpanse
2. Junge – Neffe – Name – Nichte – Tante – Kind
3. Nachbar – Kunde – Kollege – Chef – Assistent – Held
4. Ungar – Spanier – Norweger – Chinese – Pole – Russe
5. Journalist – Fotograf – Artist – Pilot – Lehrer – Präsident
6. Herz – Glaube – Liebe – Gedanke – Friede – Mensch

b Nehmen Sie jeweils zwei Nomen der n-Deklination aus jeder Reihe aus 11a und bilden Sie Sätze mit Subjekt und Objekt. Die Sätze dürfen auch fantasievoll sein.

1. *Die Raben sitzen im Zoo gern bei den Bären und den Löwen.*

12a Hotel Safari Lodge. Ergänzen Sie Artikelwort und Nomen in der richtigen Form.

Möchten Sie gerne mal kurz nach dem Aufstehen (1. ein Leopard) _____ begrüßen oder (2. ein Löwe) _____ beim Frühstück zuschauen? Oder beim Abendessen (3. ein Affe) _____ füttern? Das alles bieten wir (4. unser Gast, Pl.) _____ auf unserer Safari Lodge, einem Hotel mitten unter (5. Tier, Pl.) _____. Mit (6. unser Pilot) _____ können Sie spannende Rundflüge unternehmen und (7. der Elefant, Pl.) _____ von oben beobachten. Für die Abende haben wir (8. ein Biologe) _____ eingeladen, der Sie über Flora und Fauna informiert. Besonders (9. Vater, Pl.) _____ und (10. Mutter, Pl.) _____ mit (11. Kind Pl.) _____ können wir einen Urlaub auf der Safari Lodge empfehlen. Wir sind die Besten auf (12. der Sektor) _____ der Lodge-Hotels.

b **Ein Hotel im Eis. Ein Hotel aus Eis. Was passt? Kreuzen Sie an.**

Statt von _(1)_ werden Sie hier vielleicht von _(2)_ geweckt! Und statt _(3)_ können Sie hier _(4)_ eines Schlittenhundes streicheln. Ganz oben im Norden Europas bieten die Eishotels _(5)_ viel mehr als Eis und Schnee. Faszinierende Eisskulpturen schmücken _(6)_. Das Licht bricht sich im Eis wie in _(7)_. Und man sollte keine Angst vor _(8)_ „Eishotel" haben. Denn in einem Thermoschlafsack und auf _(9)_ ist es sogar richtig warm. Und glauben Sie uns: Unter _(10)_ des Nordhimmels kann man besonders gut schlafen.
Die wunderschöne verschneite Landschaft ist ein Bild _(11)_. Und Sie können sich die Zeit mit _(12)_ vertreiben. Besonders _(13)_ möchten wir gratulieren. Denn der baut _(14)_ jedes Jahr im Winter neu. Und nie gleicht das Hotel _(15)_ der vorigen Jahre.

1. a einem Löwe
   b ein Löwe
   c einem Löwen

2. a ein Eisbär
   b einem Eisbären
   c eines Eisbären

3. a eines Leoparden
   b einem Leoparden
   c ein Leopard

4. a eine Welpe
   b einen Welpen
   c eines Welpen

5. a dem Kunden
   b der Kunden
   c die Kunden

6. a dem Eishotel
   b den Eishotels
   c das Eishotel

7. a ein Diamant
   b eine Diamenten
   c einem Diamanten

8. a dem Namen
   b die Namen
   c des Namens

9. a ein Rentierfell
   b einem Rentierfell
   c einem Rentierfellen

10. a die Sterne
    b den Sterne
    c den Sternen

11. a den Frieden
    b dem Frieden
    c des Friedens

12. a vielen Aktivitäten
    b viele Aktivitäten
    c vieler Aktivitäten

13. a der Architekt
    b der Architekten
    c dem Architekten

14. a das Hotel
    b den Hotel
    c dem Hotel

15. a die Häuser
    b den Häusern
    c den Häuser

Wortschatz-Hitparade

Nomen

die Angst, ̈-e	_____	die Hoffnung, -en	_____
die Armut *Sg.*	_____	der Katalog, -e	_____
die Bevölkerung, -en	_____	die Kneipe, -n	_____
das Dachgeschoss, -e	_____	der Löwe, -n	_____
der Diamant, -en	_____	der Neffe, -n	_____
der Durchschnitt, -e	_____	die Nichte, -n	_____
die Einsamkeit, -en	_____	der Pilot, -en	_____
die Entscheidung, -en	_____	der Rabe, -n	_____
das Fell, -e	_____	das Rentier, -e	_____
der Friede, -n	_____	der Schlittenhund, -e	_____
der Gedanke, -n	_____	der Sektor, -en	_____
der Glaube *Sg.*	_____	der Stern, -e	_____
der Haushalt, -e	_____	der Thermoschlafsack, ̈-e	_____
die Hilfe, -n	_____	der Welpe, -n	_____

Verben

abwaschen	_____	(sich) entscheiden	_____
ansehen	_____	entspannen	_____
aufräumen	_____	renovieren	_____
auspacken	_____	(etwas) schaffen	_____
aussuchen	_____	schmücken	_____
ausziehen	_____	streicheln	_____
beobachten	_____	überlegen	_____
sich brechen	_____	umbauen	_____
einpacken	_____	(etwas) unternehmen	_____
einrichten	_____	(sich) wohlfühlen	_____

Adjektive

erfolglos	_____	hilflos	_____
einfach	_____	perspektivlos	_____
geräumig	_____	spannend	_____
goldrichtig	_____	zeitlos	_____

Andere Wörter

besonders	_____	knapp	_____
doch	_____	mehr	_____
endlich	_____	oben	_____

13 Welches Wort aus der Wortschatz-Hitparade passt?

1. die oberste Etage in einem Einfamilienhaus _____

2. alle Menschen, die in einem Land wohnen _____

3. Zustand, dass man keine finanziellen Mittel hat _____

4. ein Synonym für Religion, zum Beispiel _____

5. ein schwarzer Vogel _____

6. der Sohn deiner Schwester oder deines Bruders _____

14 Ergänzen Sie in der Tabelle das passende Nomen oder das passende Verb.

Nomen	Verb	Nomen	Verb
die Angst	_____	_____	denken
der Glaube	_____	_____	entspannen
die Einrichtung	_____	_____	entscheiden
die Hoffnung	_____	_____	helfen
der Schmuck	_____	_____	umbauen
die Überlegung	_____	_____	umziehen

15 Wichtige Ausdrücke und Sätze. Schreiben Sie in Ihrer Sprache.

Das würde ich auf keinen Fall machen! _____

Überleg dir das gut! _____

Ich befürchte nur … _____

Das hört sich toll an! _____

Das hilft alles nichts. _____

16 Wörter und Sätze, die Sie wichtig finden:

Deutsch: Ihre Sprache:

17 Mein Text. In Ihrer Wohngemeinschaft ist ein Zimmer frei. Schreiben Sie eine Anzeige. Sagen Sie etwas über das Zimmer, über die Menschen, die in der WG wohnen, und auch darüber, wie Sie sich ihren neuen Mitbewohner / ihre neue Mitbewohnerin vorstellen.

Wie geht's denn so?

1a Redewendungen und Körperteile. Ordnen Sie die Körperteile im Singular oder Plural den Redewendungen zu. Überprüfen Sie anschließend Ihre Lösung auf Seite 85.

Auge	Bein	Fuß	Hand	Herz	Nase	Ohr

1. mit beiden _____ auf dem Boden stehen

2. ganz _____ sein

3. freie _____ haben

4. sein _____ ausschütten

5. etwas ins _____ fassen

6. die _____ voll haben

7. auf großem _____ leben

b Welche Erklärung passt zu den Redewendungen? Ergänzen Sie die entsprechende Nummer aus 1a.

____ a etwas planen; sich etwas vornehmen

____ b realistisch und pragmatisch sein

____ c viel Geld ausgeben

____ d machen können, was man will

____ e genug von etwas haben; keine Lust mehr haben

____ f gut zuhören

____ g jemandem seine Sorgen erzählen

2 Beim Arzt. Sie sind Patient. Welche Verben passen? Ordnen Sie zu. Manchmal gibt es mehrere Möglichkeiten.

1. ____ einen Termin
2. ____ eine Spritze
3. ____ ein Rezept
4. ____ eine Überweisung
5. ____ seine Schmerzen
6. ____ auf die Waage
7. ____ ein Medikament

a beschreiben
b sich geben lassen
c einnehmen
d abholen
e bekommen
f vereinbaren
g sich stellen

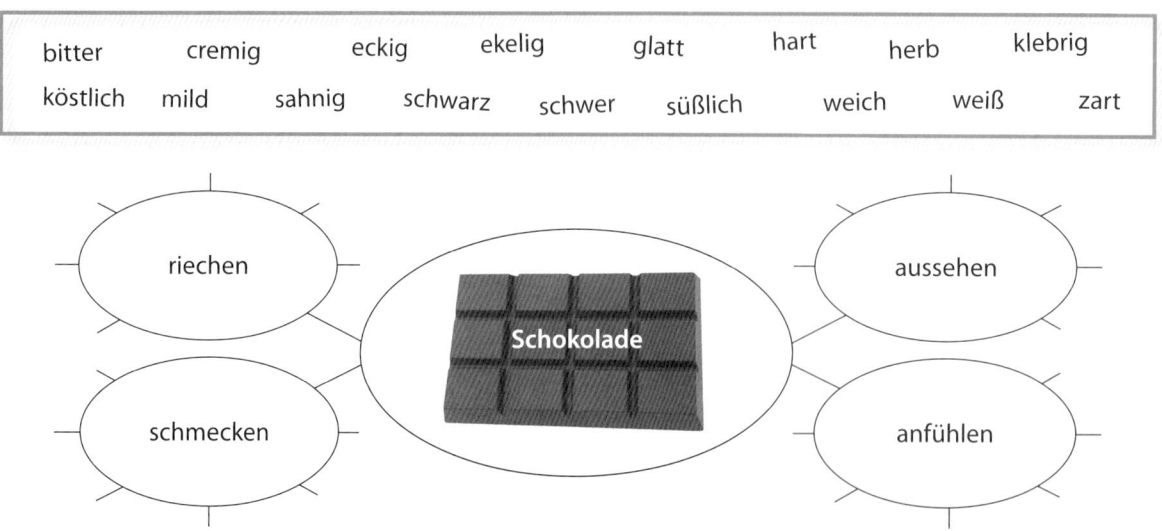

3a Schokolade – eine Versuchung für alle Sinne. Ergänzen Sie die Mindmap mit den Wörtern. Bei einigen Adjektiven gibt es mehrere Möglichkeiten.

bitter	cremig	eckig	ekelig	glatt	hart	herb	klebrig
köstlich	mild	sahnig	schwarz	schwer	süßlich	weich	weiß	zart

riechen

schmecken

Schokolade

aussehen

anfühlen

b Schreiben Sie das Gegenteil.

1. süßlich _____
2. hart _____
3. eckig _____
4. schwarz _____

5. scharf _____
6. köstlich _____
7. herb _____
8. leicht _____

4 Schokoladenmuffins – ein Rezept. Was passt? Kreuzen Sie an.

200 g   Schokolade zartbitter
250 g   Mehl
30 g   Kakaopulver
2 TL   Backpulver
etwas Salz
110 g Butter, weich
100 g Zucker
2   Eier
170 ml Milch
1 Pck. Vanillezucker

1. Den Backofen auf 180–190°C a geben b vorheizen c machen.
2. Die Muffinsform mit Papierförmchen a garnieren b verrühren c auslegen.
3. Schokolade in kleine Stückchen a hacken b zerlassen c vermischen.
4. Mehl, Kakaopulver, Backpulver und Salz in einer Schüssel a verrühren b zerbrechen c schälen.
5. Die Butter a zerlassen b kaltstellen c vorheizen und mit Zucker, Eiern, Milch und Vanillezucker a stellen b erhitzen c vermischen.
6. Die flüssigen Zutaten und die Hälfte der Schokoladen- stückchen in die Mehlmischung a geben b stellen c legen und alles gut a kaltstellen b verrühren c grob hacken.
7. Den Teig in die Förmchen a legen b übergießen c verteilen und die restlichen Schoko- ladenstückchen auf die Muffins a gießen b backen c geben.
8. Die Muffins etwa 17–20 Minuten im Ofen a stehen b backen c trocknen und danach gut a pressen b zerkleinern c auskühlen lassen.

5 Welches Wort passt nicht in die Reihe? Streichen Sie durch.

1. schwach – leistungsfähig – langsam
2. ruhig – vergesslich – gelassen
3. konzentriert – überfordert – organisiert
4. Leistungstief – Nervosität – Hektik
5. Ruhe – Entspannung – Höchstleistung

Redemittel

Modul 1 **6** **Fakten über Schokolade. Reagieren Sie auf die Aussagen. Was ist neu für Sie? Was finden Sie interessant? Was finden Sie erstaunlich? Was überrascht Sie? Benutzen Sie die Wörter im Kasten.**

erstaunlich	interessant	neu	überrascht

1. Es gibt auch Parfüm mit Schokoladenduft.

   Es überrascht mich, dass es Parfüm mit Schokoladenduft gibt.
2. Schokolade ist gut für die Haut.

3. Die größte Schokoladentafel der Welt ist 4410 kg schwer.

4. Schon die Maya und Azteken haben aus Schokolade und Chili ein köstliches, scharfes Getränk gemacht.

5. Die Japaner essen im Vergleich zu den Schweizern sehr wenig Schokolade.

Modul 2 **7** **Lebensmittel wegwerfen oder verschenken. Ordnen Sie zu.**

1. ____ Ich sage ganz offen,   a sollte man den Wert von Lebensmitteln viel mehr schätzen.

2. ____ Wäre es nicht wichtig,   b dass ich als Kunde immer frische Waren einkaufen möchte.

3. ____ Meiner Meinung nach   c dass die Supermärkte Menschen helfen, die nicht genug Geld haben.

4. ____ Eigentlich bin ich dafür,   d unser Verhalten als Konsumenten zu ändern?

Modul 4 **8a** **Reagieren Sie, indem Sie einen Tipp geben.**

1. Eigentlich macht mir die Arbeit Spaß, aber ich bin oft überfordert.

2. Manchmal verstehe ich nicht, was meine Chefin von mir will.

b Reagieren Sie, indem Sie über eine eigene Erfahrung berichten.

1. Mein neuer Job ist total stressig.

2. Ich weiß nicht, wie ich meine Zeit organisieren soll.

c Reagieren Sie, indem Sie Verständnis äußern.

1. Alles ist noch so neu für mich. Ich muss mich erst einmal einarbeiten.

2. Ich habe kaum noch Zeit für meine Familie.

Modul 1   **9a**   **Im Café. Suchen Sie 15 Nomen im Plural aus Modul 1 im Buchstabensalat.**

T	Z	M	O	M	U	G	E	T	R	Ä	N	K	E	T	G
A	N	I	H	U	R	L	Y	E	H	Y	M	F	J	M	E
F	I	X	H	F	I	Ä	B	L	Ö	F	F	E	L	P	R
E	K	E	J	F	C	S	G	L	I	U	B	M	H	I	I
L	O	R	U	I	E	E	T	E	Z	M	U	F	F	I	C
N	N	H	S	N	E	R	B	R	N	S	K	K	M	W	H
Q	D	E	Y	S	I	K	A	L	O	R	I	E	N	A	T
E	I	S	W	Ü	R	F	E	L	O	F	I	S	O	P	E
A	T	Ö	F	N	P	Y	K	S	T	C	A	F	É	S	K
B	O	R	A	E	N	Z	G	R	E	Y	M	E	G	K	A
G	R	F	U	I	R	K	E	J	Z	U	T	A	T	E	N
F	E	H	D	J	H	I	M	B	E	E	R	E	N	N	R
E	N	B	P	F	A	N	N	E	N	S	N	O	E	B	I

b   **Notieren Sie die Nomen aus 9a im Singular mit Artikel.**

1. *das Café*
2.
3.
4.
5.
6.
7.
8.

9.
10.
11.
12.
13.
14.
15.

c   **Ordnen Sie die Wörter dem passenden Pluraltyp zu.**

Typ 1: -(¨)Ø	Typ 2: -(e)n	Typ 3: -(¨)e	Typ 4: -(¨)er	Typ 5: -s

Grammatik

10a Ergänzen Sie die Pluralendungen.

1. Banane____   4. Himbeere____   7. Mandel____   10. Zitrone____

2. Ei____   5. Kartoffel____   8. Muffin____   11. Kalorie____

3. Esslöffel____   6. Kugel____   9. Schale____   12. Tafel____

b Ergänzen Sie den Text mit den Wörtern aus 10a im Plural.

1. Zum Bananensplit passen gut zwei _____ Vanilleeis.

2. Außerdem gießen wir noch Schokoladensoße über die _____.

3. Das Bananensplit ist sehr lecker, aber es hat auch viele _____.

4. Über den Apfelkuchen streue ich immer zwei _____ gehackte _____.

5. Für die Omelette brauche ich noch _____.

6. Für den säuerlichen Geschmack rühre ich den Saft von zwei _____ in den Kuchenteig.

7. Kartoffelpuffer werden hauptsächlich aus _____ gemacht.

8. Für die _____ brauchen wir Papierförmchen.

9. Vanillesoße passt sehr gut zu frischen _____.

10. Wir servieren sie in flachen _____.

11. Kaufst du bitte noch zwei _____ zartbittere Schokolade?

Modul 3 **11** Was grün ist, ist gesund! Deklinieren und ergänzen Sie das Adjektiv *grün*. Was ist nicht gesund? Streichen Sie durch.

1. _____ Salat   4. _____ Oliven   7. _____ Mais

2. _____ Paprika   5. _____ Soße   8. _____ Gemüse

3. _____ Tomaten   6. _____ Spargel

12a Yoga-Urlaub. Welches Adjektiv passt? Kreuzen Sie an.

Gönnen Sie sich einen (1) ⓐ entspannender ⓑ entspannenden ⓒ entspannendes Yoga-Urlaub. In einer (2) ⓐ wunderbarer ⓑ wunderbaren ⓒ wunderbarem Umgebung haben Sie endlich Zeit für sich. Mit einem (3) ⓐ individuellen ⓑ individueller ⓒ individuelles Yoga-Programm und bei (4) ⓐ meditative ⓑ meditativem ⓒ meditativen Spaziergängen können Sie (5) ⓐ neue ⓑ neuem ⓒ neues Energie tanken. Wir helfen Ihnen mit einer (6) ⓐ spirituellem ⓑ spirituelle ⓒ spirituellen Lebensberatung. Außerdem bieten wir Ihnen eine (7) ⓐ kostenlose ⓑ kostenloses ⓒ kostenlosem und sehr (8) ⓐ erholsam ⓑ erholsame ⓒ erholsamen Massage.

b Kundalini-Yoga. Ergänzen Sie die Adjektivendungen.

Kundalini-Yoga: der (1) dynamisch_____ Weg zu mehr Elan im (2) alltäglich_____ Leben. Durch die
(3) harmonisch_____ und (4) ruhig_____ Bewegungen ist das Kundalini-Yoga besonders gut für die
(5) älter_____ Generation geeignet. Neben den (6) positiv_____ (7) mental_____ und (8) körperlich_____
Auswirkungen verbessert Kundalini-Yoga auch Intuition und Kreativität. Die (9) bewusst_____ Atmung ist
wichtig. Die (10) gesungen_____ Mantra-Meditationen können entspannend wirken.

c Bilden Sie Adjektive zu den Nomen und das Partizip zum Verb.

1. die Ansteckung _____   4. der Geist _____   7. der Körper _____

2. die Hektik _____   5. die Gesundheit _____   8. der Stress _____

3. die Echtheit _____   6. Indien _____   9. spielen _____

d Lachyoga. Ergänzen Sie den Text mit den Adjektiven aus 12c. Deklinieren Sie.

Lachen ist die beste Medizin. Auch ohne Grund zu lachen ist (1) _____. Leider gibt es in

unserer (2) _____ und (3) _____ Welt nicht mehr so viele Gründe zum

Lachen. Der (4) _____ Arzt Madan Kataria hat das Lachyoga entwickelt.

Dabei beginnt man mit (5) _____ Lachen. Aber aus diesem Lachen wird dann schnell

ein (6) _____, (7) _____ Lachen. Lachen ist nicht nur als

(8) _____ Übung, sondern auch als (9) _____ Übung sehr gesund.

13 Tipps für ein gesundes Leben. Ergänzen Sie Adjektive und Nomen in der richtigen Form.

Blutdruck	Gläser	Luft	Schlaf	Sorte	Spaziergang	Sport	Stress	Trennung	Zutaten

1. Trinken Sie täglich fünf (groß) _____ _____ Wasser.

2. Machen Sie täglich einen (lang) _____ _____.

3. Bewegung hilft gegen (hoch) _____ _____.

4. Essen Sie täglich (verschieden) _____ _____ Obst und Gemüse.

5. Wenn Sie viel sitzen, sollten Sie sich durch (regelmäßig) _____ _____

   fit halten.

6. Nehmen Sie zum Kochen (ballastreich) _____ _____.

7. Zum gesunden Leben gehört auch ein (gesund) _____ _____.

8. Sorgen Sie deshalb für ausreichend (frisch) _____ _____ im Schlafzimmer.

9. Jeder kann etwas gegen (gesundheitsschädlich) _____ _____ tun.

10. Versuchen Sie zum Beispiel, eine (klar) _____ _____ zwischen Beruf und

    Alltag zu machen.

Wortschatz-Hitparade

Nomen

die Ansteckung, -en _____

die Atmung *Sg.* _____

der Backofen, "– _____

das Backpulver *Sg.* _____

die Bewegung, -en _____

das Blut *Sg.* _____

der Blutdruck *Sg.* _____

der Duft, "-e _____

der Geist *Sg.* _____

das Gemüse, – _____

der Geschmack, "-e(r) _____

die Hektik *Sg.* _____

das Herz, -en _____

die Höchstleistung, -en _____

die Kugel, -n _____

das Lachen *Sg.* _____

die Lebensberatung, -en _____

das Leistungstief *Sg.* _____

die Meditation, -en _____

die Sorte, -n _____

die Tafel, -n _____

die Trennung, -en _____

die Umgebung, -en _____

die Zutat, -en _____

Verben

abholen _____

ausschütten _____

backen _____

(sich) einarbeiten _____

einnehmen _____

gießen _____

(sich etwas) gönnen _____

hacken _____

schälen _____

schätzen _____

sorgen (für) _____

streuen _____

verschenken _____

(sich etwas) vornehmen _____

zerbrechen _____

zerlassen _____

Adjektive

ansteckend _____

ballastreich _____

echt _____

entspannt _____

erholsam _____

gelassen _____

gesundheitsschädlich _____

herb _____

klebrig _____

kostenlos _____

köstlich _____

leistungsfähig _____

schwach _____

vergesslich _____

verschieden _____

zartbitter _____

Andere Wörter

außerdem _____

besonders _____

eigentlich _____

gegen _____

14 Zusammengesetzte Wörter. Bilden Sie Komposita.

1. Leistungs/ leistung
→ _____
→ _____
→ _____

2. backen
→ _____
→ _____
→ _____

3. Schokolade
→ _____
→ _____
→ _____

4. Bio
→ _____
→ _____
→ _____

15 Wie heißen die Adjektive aus der Wortschatz-Hitparade?

1. sanntpent _____

2. steilgunhäfigs _____

3. mosherla _____

4. cendansket _____

5. tensoksol _____

6. lesgasne _____

16 Wichtige Ausdrücke und Sätze. Schreiben Sie in Ihrer Sprache.

Können wir einen Termin vereinbaren? _____

Mach bloß keinen Stress! _____

Das sehe ich genauso. _____

An deiner Stelle würde ich das nicht tun. _____

Ich würde dir raten, dass … _____

17 Wörter und Sätze, die Sie wichtig finden:

Deutsch:

_____
_____
_____
_____
_____
_____
_____
_____
_____

Ihre Sprache:

_____
_____
_____
_____
_____
_____
_____
_____
_____

18 Mein Text. Ein Freund/eine Freundin von Ihnen ist krank. Schreiben Sie ihm/ihr eine E-Mail und erkundigen Sie sich nach seinem/ihrem Befinden. Geben Sie ihm/ihr Tipps, damit er/sie schneller gesund wird. Vergessen Sie nicht die Begrüßung und die Verabschiedung.

Viel Spaß!

Auftakt   **1**   **Sport und Spaß in den Bergen und am Wasser. Nennen Sie für jeden Ort vier Sportarten.**

Berge	Wasser
_____	_____
_____	_____
_____	_____
_____	_____

2   **In der Freizeit. Was kann man wo machen? Ordnen Sie zu.**

1. ___ in der Bibliothek
2. ___ in der Disco
3. ___ im Freibad
4. ___ im Kino
5. ___ im Konzertsaal
6. ___ in der Kneipe

7. ___ im Museum
8. ___ im Park
9. ___ in der Sauna
10. ___ am Schreibtisch
11. ___ auf dem Sofa
12. ___ in der Sporthalle

a eine Ausstellung besuchen
b Basketball spielen
c ein Bier trinken
d chatten
e fernsehen
f eine Filmpremiere sehen

g joggen
h lesen
i ein Orchester hören
j saunen
k schwimmen
l tanzen

3   **Spiele aus aller Welt. Finden Sie zehn berühmte Brettspiele.**

B	A	C	K	G	A	M	M	O	N	M	R
A	N	Ü	M	Ä	D	Ü	O	M	T	X	I
L	F	S	R	N	I	H	N	T	S	W	S
G	N	H	B	S	U	L	O	C	C	O	I
O	H	S	I	E	L	E	P	E	R	Q	K
B	N	C	T	S	Y	K	O	O	A	M	O
D	R	H	P	P	H	S	L	T	B	J	M
A	I	A	Y	I	B	K	Y	L	B	F	M
M	O	C	L	E	C	H	L	V	L	O	O
E	J	H	A	L	M	A	E	J	E	J	N

1. _____
2. _____
3. _____
4. _____
5. _____
6. _____
7. _____
8. _____
9. _____
10. _____

Welche Spiele gibt es auch in Ihrem Land? Notieren Sie.

_____

Modul 1 **4 Gut und billig. Wie heißt das Gegenteil?**

alt kurz neu niedrig schlecht selten spannend teuer ungefährlich wenig

1. alt _____

2. billig _____

3. gefährlich _____

4. gut _____

5. häufig _____

6. hoch _____

7. jung _____

8. lang _____

9. langweilig _____

10. viel _____

Modul 2 **5a Rund ums Spiel. Bilden Sie zehn Komposita mit *Spiel*.**

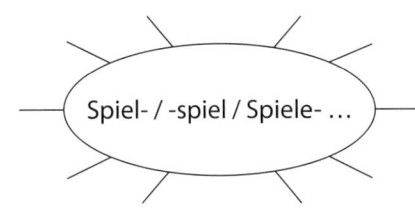

Spiel- / -spiel / Spiele- …

b Welche Verben passen? Ordnen Sie zu. Manchmal gibt es mehrere Möglichkeiten.

1. dran _____

2. ein Feld _____

3. die Karten _____

4. eine Karte _____

5. eine Runde _____

6. Punkte _____

7. die Spielfigur _____

a ablegen

b aussetzen

c mischen

d sammeln

e sein

f vorrücken

g ziehen

h zurückgehen

Module 3+4 **6 Unterhaltsam und spannend. Notieren Sie die Nomen zu den Adjektiven. Vergessen Sie nicht den Artikel.**

1. ängstlich _____

2. exotisch _____

3. einsam _____

4. glücklich _____

5. fantastisch _____

6. geschmackvoll _____

7. heiß _____

8. langweilig _____

9. mutig _____

10. spannend _____

11. überraschend _____

12. unterhaltsam _____

7 Kino. Welche Art von Filmen kennen Sie? Ergänzen Sie.

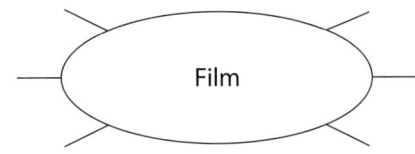

Film

Redemittel

Modul 1 **8** **Meine Freizeit. Ergänzen Sie die Sätze.**

1. Wenn ich weniger arbeiten würde, _____.
2. Ich könnte mich besser entspannen, _____.
3. In meiner Freizeit _____.
4. Am schönsten ist es _____.
5. Ein tolleres Hobby als _____.

Modul 2 **9** **Mensch ärgere dich nicht. Bringen Sie die Spielanleitung in die richtige Reihenfolge.**

____ a Der Gegner muss dann seine Figur wieder in sein Feld in der Ecke setzen und erst wieder eine Sechs würfeln, um neu starten zu dürfen.

____ b Kommt man mit seiner Spielfigur auf ein Feld, auf dem eine gegnerische Figur steht, darf man den Gegner schlagen.

____ c Wer als Erster eine Sechs würfelt, darf eine seiner Spielfiguren auf die Startposition stellen und noch einmal würfeln.

_1_ d Zuerst werden die Spielfiguren verteilt. Jeder Spieler wählt eine Farbe und bekommt vier Figuren.

____ e Wer als Erster mit allen vier Figuren im Zielfeld ist, hat gewonnen.

____ f Die Punktzahl auf dem Würfel entscheidet, wie viele Felder der Spieler vorziehen darf.

____ g Dann fängt der jüngste Spieler an zu würfeln. In der ersten Runde darf jeder Spieler dreimal würfeln.

____ h Die vier Spielfiguren werden zunächst in den Feldern an jeder Ecke aufgestellt.

Modul 4 **10**a **Moviemento. Das älteste Kino Berlins. Berichten Sie. Benutzen Sie die Informationen in den Klammern und die Redemittel im Lehrbuch, Modul 4, Aufgabe 2.**

1. (Bau/Geschäftshaus/1905) _____
2. (Kino/1907/„Topps Kino") _____
3. (Kottbusser Damm 22) _____
4. (1980er-Jahre/Tali-Kino) _____
5. (Legendär/Rocky-Horror-Picture-Show) _____
6. (Erstaufführungen/Originalversionen) _____
7. (Publikumsmagnet: Lange Filmnächte) _____
8. (Schulkinowochen und Filme für Kinder) _____
9. (Podiumsdiskussionen und Besuch von Regisseuren) _____
_____
10. (7,50 € /6,50 € ermäßigt Mo 5 €) _____

b **The Rocky Horror Picture Show – ein Kultfilm. Berichten Sie über diesen legendären Film. Ergänzen Sie die Lücken. Die Redemittel im Lehrbuch, Modul 4, Aufgabe 3c, helfen.**

Der Film ist ein Musical und (1) _____ von einem Paar, das nach einer Autopanne

in einem Schloss Hilfe sucht. (2) _____ ist ein altes englisches Herrenhaus.

(3) _____ sind Tim Curry und Susan Sarandon. (4) Der _____ ist

Jim Sharman. Besonders die bizarren Figuren und Kostüme sind (5) _____.

30

Modul 1 **11**a Erinnern Sie sich noch an das Gegenteil? Nehmen Sie Ihre Adjektive aus Übung 4 und bilden Sie dazu den Komparativ und den Superlativ.

Grundform	Komparativ	Superlativ
1. neu	neuer	am neuesten

Grundform	Komparativ	Superlativ

b *Gern*, *gut* und *viel*. Lösen Sie das Sudoku mit diesen drei Wörtern und ihren Steigerungsformen. In jeder Reihe horizontal und vertikal darf jeweils die Grundform, der Komparativ und der Superlativ zu jedem Adjektiv nur einmal erscheinen.

		gern			gut	viel	mehr	lieber
am besten	viel		gern				am meisten	besser
	lieber	mehr	viel	besser	am meisten	am besten	gut	
gern	am liebsten				viel		besser	
viel		am meisten	am besten	mehr		gern		am liebsten
	mehr	besser		am liebsten	gern		viel	am besten
besser	gern		gut		am liebsten	lieber		mehr
gut		lieber	mehr	gern			am liebsten	viel
	am besten			viel	lieber	am meisten	gern	

12a Sport oder Sofa? Ergänzen Sie den Komparativ in der E-Mail.

Lieber Michael,

es freut mich, dass du dir jetzt wieder (1. viel) _____ Zeit für dich nimmst und (2. häufig) _____ zum Segeln gehst. Aber du weißt ja, ich finde Chillen eigentlich (3. gut) _____ als Sport treiben. Außerdem ist Fernsehen (4. billig) _____ als Segeln! Na ja, ein Golfspiel im Fernsehen ist allerdings fast noch (5. langweilig) _____ als Joggen. Aber du hast recht, ich sollte vielleicht mal (6. oft) _____ im Park spazieren gehen. Oder doch (7. gern) _____ meine alten Inline-Skates heraussuchen? Damit wäre ich nicht nur (8. schnell) _____, sondern es wäre bestimmt auch (9. lustig) _____. Aber natürlich auch (10. anstrengend) _____. Schließlich werde ich ja nicht (11. jung) _____. Kannst du mir keine Sportart für einen (12. alt) _____ Herrn empfehlen?
Viele Grüße, Dein Stefan

Grammatik

b Komm mit zum Skifahren. Was ist richtig? *Als* oder *wie*? Kreuzen Sie an.

○ Hallo, Stefan! Wie geht's? Kommst du mit in Skiurlaub nach Österreich? Oder findest du die Schweiz besser (1) [a] als [b] wie Österreich?

● Hallo, Michael! Bist du jetzt plötzlich lieber im Schnee (2) [a] als [b] wie auf dem Wasser?

○ Nein, aber Skifahren ist genauso interessant (3) [a] als [b] wie Segeln.

● Ja, aber bestimmt auch noch anstrengender (4) [a] als [b] wie Segeln.

○ Quatsch! Skifahren ist viel einfacher (5) [a] als [b] wie Segeln und oben in den Bergen kannst du genauso gut chillen (6) [a] als [b] wie auf deinem Sofa.

● Ich weiß nicht, Stefan. Auf meinem Sofa ist es auf jeden Fall wärmer (7) [a] als [b] wie auf einer Skipiste.

○ Komm schon, Stefan. Beim Après-Ski wirst du dich besser amüsieren (8) [a] als [b] wie bei einem guten Krimi. Außerdem ist so ein Skiurlaub mindestens genauso spannend (9) [a] als [b] wie ein Krimi.

● Aber du läufst doch viel besser Ski (10) [a] als [b] wie ich.

○ Du wirst sehen: Skifahren ist fast so einfach (11) [a] als [b] wie Inline-Skaten. Nach zwei Tagen bist du so schnell (12) [a] als [b] wie ein Blitz.

● Na gut. Ich finde die Schweiz genauso attraktiv (13) [a] als [b] wie Österreich. Wann soll es losgehen?

○ So bald (14) [a] als [b] wie möglich! Ich melde mich dann wieder, Stefan. Mach's gut!

● Tschüs, Michael.

Modul 3 **13a Konnektoren und Verbposition. Wo steht das Verb? Ergänzen Sie die Tabelle mit den Konnektoren im Kasten.**

darum	daher	denn	deswegen	obwohl	sodass	trotzdem

Verb in Position 2	Verb direkt hinter dem Konnektor	Verb am Ende

b Gute Gründe für einen Urlaub. Verbinden Sie die Sätze.

1. ____ Mein Mann und ich wollen dieses Jahr etwas ganz Besonderes machen,

2. ____ Wir denken an einen Surf- oder Tauchurlaub,

3. ____ Wir wissen allerdings nicht, ob wir uns das leisten können,

4. ____ Eigentlich wollten wir gerne nach Costa Rica,

5. ____ Aber vielleicht wird es da mit der Sprache schwierig,

6. ____ Vielleicht sollten wir lieber nach Belize fliegen,

a denn wir sprechen kein Spanisch.

b weil uns Südamerika immer schon fasziniert hat.

c weil wir seit Jahren keinen Urlaub mehr gemacht haben.

d weil mein Mann und ich gerne Sport treiben.

e denn dort ist die Landessprache Englisch.

f denn das kann sehr teuer werden

c *Deshalb!* Formulieren Sie die Sätze aus 13b um. Benutzen Sie den Konnektor *deshalb*.

1. _____

2. _____

3. _____

4. _____

5. _____

6. _____

d Auf nach Belize! Bringen Sie die Wörter in die richtige Reihenfolge. Denken Sie an die Kommas.

1. riesig – fliegen – nach Belize – weil – uns – wir – nächste Woche – freuen – wir

   _____

2. Regenzeit – in dieser Zeit – obwohl – ist – wir – im Juli – in Belize – fliegen

   _____

3. nach Belize – deshalb – gibt es – in Miami – müssen – zwischenlanden – keine Direktflüge – wir

   _____

4. obwohl – ist – leisten – den Urlaub – teuer – uns – wir – er

   _____

5. sind – in der Stadt – trotzdem – in Belize City – wir – nicht gerne – bleiben – ein paar Tage – wir

   _____

6. sehr berühmt – das zweitgrößte Riffsystem – das Barrier Riff – ist – denn – ist – es – der Welt

   _____

7. viele Koralleninseln – hat – deshalb – immer – gute Tauchmöglichkeiten – man – es gibt

   _____

8. auf dem Tauchkreuzfahrtschiff – tauchen – sodass– wohnen– wir – können – wir – möglichst viel

   _____

e Das Abenteuer geht weiter! Welcher Konnektor ist richtig? Kreuzen Sie an.

Aber wir wollten nicht nur tauchen,
(1) ☒a ☐b deshalb trotzdem haben wir beschlossen, die Höhle Actun Tunichil Muknal zu besuchen. (2) ☐a ☒b Weil Obwohl ich beim Tauchen keine Angst habe, finde ich Höhlen bedrohlich. Und diese alte Maya-Zeremonienstätte ist wirklich unheimlich, (3) ☐a ☒b weil denn hier liegen Skelette von Menschen. (4) ☐a ☐b Trotzdem Obwohl der Besuch der Höhle sehr interessant war, war ich froh, dass wir dann weiter nach Orange Walk Town gefahren sind. Die Fahrt war lang und

anstrengend, (5) ☐a ☐b deshalb trotzdem konnte ich mich gut entspannen. (6) ☐a ☐b Weil Obwohl wir nicht so gerne alleine fahren wollten, haben wir uns einer Touristengruppe angeschlossen, (7) ☐a deshalb ☐b sodass wir auch keine Sprachprobleme hatten, (8) ☐a trotzdem ☐b denn im Norden von Belize wird fast nur Spanisch gesprochen. Am nächsten Tag haben wir mit unserem Touristenführer eine Dschungel-tour gemacht, (9) ☐a sodass ☐b deshalb wir eine ganz andere Seite von Belize kennengelernt haben. Und die Dschungeltour habe ich sehr genossen, (10) ☐a weil ☐b obwohl ich nämlich Affen sehr lustig finde, (11) ☐a weil ☐b obwohl sie mir eine Banane gestohlen haben. Der Urlaub war wunderschön, (12) ☐a deshalb ☐b trotzdem habe ich mich zum Schluss wieder auf unser Zuhause gefreut.

Wortschatz-Hitparade

Nomen

die Autopanne, -n	_____	die Koralleninsel, -n	_____
der Besuch, -e	_____	der Krimi, -s	_____
der Blitz, -e	_____	die Podiumsdiskussion, -en	_____
die Dschungeltour, -en	_____	das Riffsystem, -e	_____
die Erstaufführung, -en	_____	die Runde, -n	_____
die Fahrt, -en	_____	das Schloss, "-er	_____
das Feld, -er	_____	das Skelett, -e	_____
die Filmpremiere, -n	_____	die Spielfigur, -en	_____
das Gänsespiel, -e	_____	die Sportart, -en	_____
der Gegner, –	_____	die Sporthalle, -n	_____
das Herrenhaus, "-er	_____	die Tauchmöglichkeit, -en	_____
die Höhle, -n	_____	der Wassersport *Sg.*	_____
der Konzertsaal, "-e,	_____	das Zuhause, –	_____

Verben

ablegen	_____	(sich) melden	_____
(sich) amüsieren	_____	mischen	_____
aussetzen	_____	sammeln	_____
bleiben	_____	saunen	_____
chatten	_____	segeln	_____
chillen	_____	tauchen	_____
(sich) entspannen	_____	verteilen	_____
fernsehen	_____	vorrücken	_____
(sich) freuen	_____	wandern	_____
genießen	_____	würfeln	_____
heraussuchen	_____	ziehen	_____
joggen	_____	zurückgehen	_____

Adjektive

ängstlich	_____	geschmackvoll	_____
anstrengend	_____	niedrig	_____
bizarr	_____	unheimlich	_____
einsam	_____	unterhaltsam	_____

Andere Wörter

allerdings	_____	namens	_____
eigentlich	_____	trotzdem	_____

14 Welche Wörter aus der Wortschatz-Hitparade passen zum Thema *Sport*? Ergänzen Sie.

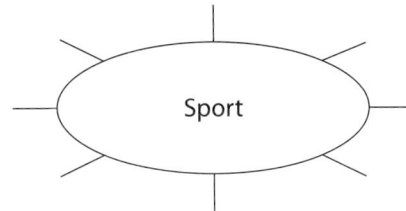

15 Suchen Sie in der Wortschatz-Hitparade die passenden Verben oder Adjektive zu diesen Nomen:

1. die Ablage _____
2. die Anstrengung _____
3. die Entspannung _____
4. die Freude _____
5. der Geschmack _____

6. der Genuss _____
7. die Sammlung _____
8. die Sauna _____
9. die Unterhaltung _____
10. der Würfel _____

16 Wichtige Ausdrücke und Sätze. Schreiben Sie in Ihrer Sprache.

Ich finde es komisch, dass … _____

Ich habe die Erfahrung gemacht, dass … _____

Es geht darum, dass … _____

Das kann ich gut nachvollziehen. _____

Das geht so. _____

17 Wörter und Sätze, die Sie wichtig finden:

Deutsch:

_____
_____
_____
_____
_____
_____
_____
_____

Ihre Sprache:

_____
_____
_____
_____
_____
_____
_____
_____

18 Mein Text. Zusammen mit einem Freund / einer Freundin planen Sie einen Spieleabend. Schreiben Sie Ihrem Freund / Ihrer Freundin eine E-Mail und machen Sie Vorschläge zu folgenden Punkten: Wann und wo soll der Spieleabend stattfinden? Wen wollen Sie einladen? Wie soll der Abend verlaufen? Wer soll was mitbringen? Bitten Sie Ihren Freund / Ihre Freundin um seine/ihre Meinung.

Alles will gelernt sein

Auftakt **1** Wo kann man lernen? Ergänzen Sie.

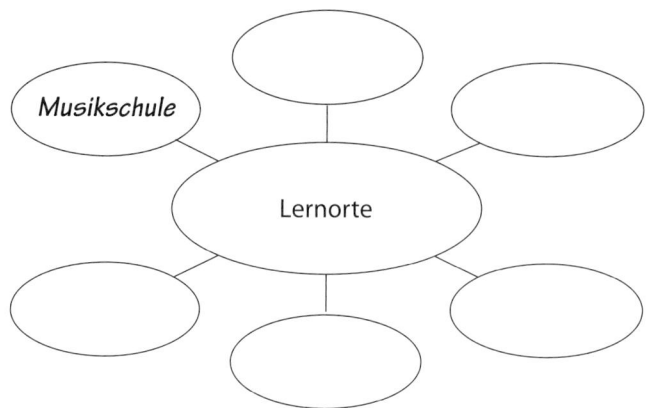

2 Was passt nicht in die Reihe? Streichen Sie durch.

1. sich etwas einprägen – etwas beibringen – sich etwas merken – etwas behalten
2. lernen – üben – pauken – vergessen
3. sprechen – aufschreiben – antworten – einen Dialog üben
4. einen Test schreiben – eine Prüfung machen – ein Diktat schreiben – die Grammatik erklären

3 Alles durcheinander. Ordnen Sie die Buchstaben und Sie erhalten zehn Wörter zum Thema Schule. Notieren Sie auch die Artikel.

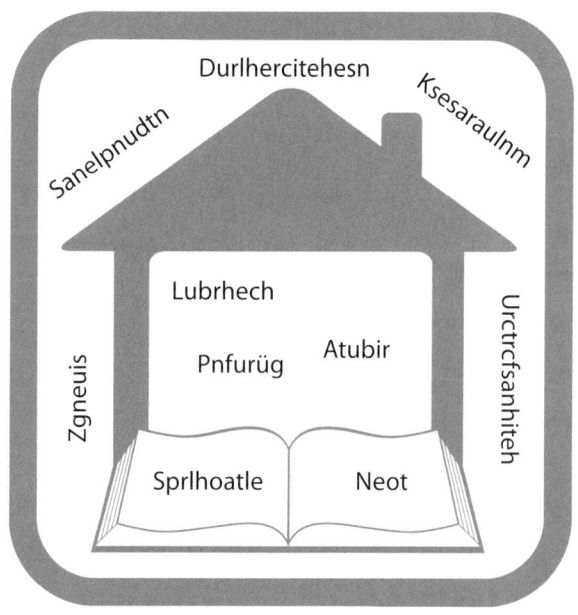

1. _____
2. _____
3. _____
4. _____
5. _____
6. _____
7. _____
8. _____
9. _____
10. _____

4 Bilden Sie Nomen.

1. arbeiten   die _____
2. essen   das _____
3. bunt   das _____
4. schön   das _____

5. spielen   das _____
6. erledigt   das _____
7. praktisch   der _____
8. perfektionistisch   der _____

Modul 1 **5** **Kurse. Was passt zusammen? Ordnen Sie zu.**

1. ____ sich zu einem Kurs   a ablegen

2. ____ einen Kurs   b anmelden

3. ____ sich die Teilnahme   c auffrischen

4. ____ eine Prüfung   d bestätigen lassen

5. ____ eine Sprache   e besuchen

Modul 2 **6** **Rund den Computer. Lösen Sie das Kreuzworträtsel.**

Senkrecht:
1. damit gibt man am Computer den Text ein
2. hierdurch fließt der Strom
3. hiermit kann man Sie beim Skypen sehen
4. kleines Gerät, um Daten zu transportieren
5. hier kann man surfen

Waagerecht:
6. hiermit bewegt man den Cursor
7. großer Speicher, der in einem Computer eingebaut ist
8. Gerät, in das man spricht
9. ein anderes Wort für Computer

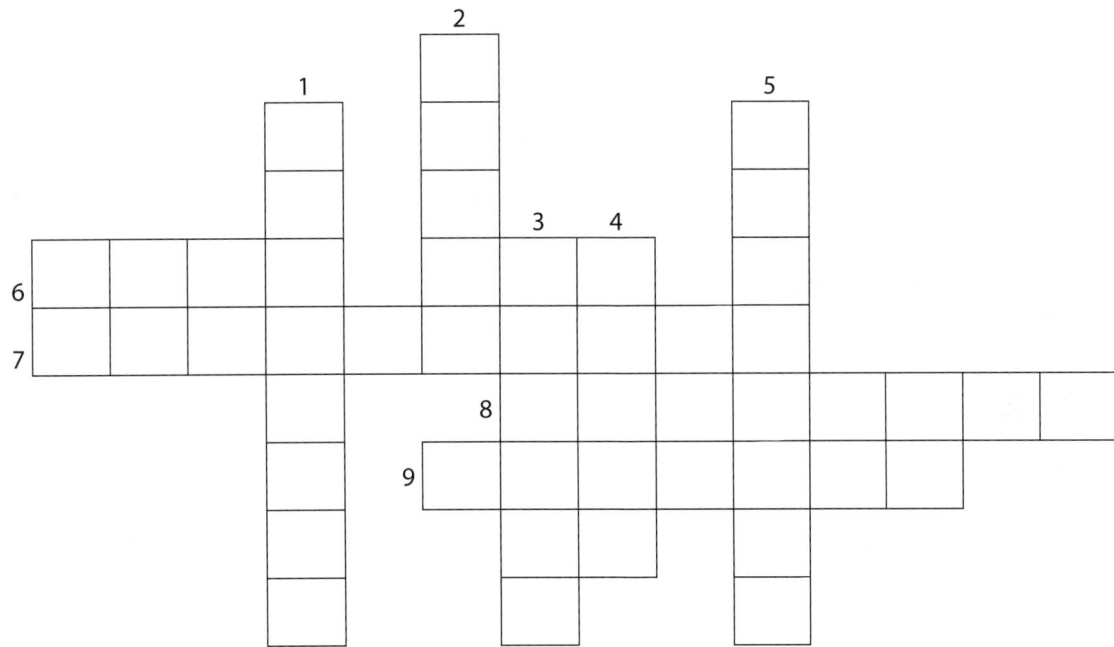

Modul 3 **7** **Sagen Sie es mit anderen Worten.**

1. locker bleiben _____

2. ohne Hetze _____

3. sich mühen _____

4. sich zum Affen machen _____

5. sich von der Muse küssen lassen _____

6. jemanden hängen lassen _____

Modul 4 **8** **Bilden Sie Komposita mit dem Wort *Gedächtnis*.**

-gedächtnis/Gedächtnis-

Redemittel

Modul 1 **9a** **Welche Ausdrücke haben eine ähnliche Bedeutung? Ordnen Sie zu.**

1. ____ Ich habe vor …	a Es ist wichtig …
2. ____ Ich würde gern …	b Ich rate Ihnen …
3. ____ Es ist erforderlich …	c Ich habe die Absicht …
4. ____ Es ist empfehlenswert …	d Ich hätte Lust …
5. ____ Es ist von großer Bedeutung …	e Vergessen Sie nicht …
6. ____ Bitte bedenken Sie …	f Es ist notwendig …

b **Schreiben Sie Sätze mit drei der Ausdrücke aus 9a.**

_____

_____

_____

Modul 2 **10a** **Dafür oder dagegen? Mit welchen Formulierungen leiten Sie Argumente mit pro (+) und mit welchen Argumente contra (–) ein? Markieren Sie.**

1. ____ Ein Argument dagegen ist …	6. ____ Ein großer Vorteil ist …
2. ____ Ich halte es für falsch …	7. ____ Das mag ja sein, aber …
3. ____ Ich finde es richtig …	8. ____ Ich finde es problematisch …
4. ____ Befürworter sagen …	9. ____ Ich lehne es ab …
5. ____ Alles spricht dafür …	10. ____ Einen Nachteil sehe ich darin …

b **Wählen Sie eins der beiden folgenden Themen und schreiben Sie eine Stellungnahme nach dem Muster, wie Sie es im Lehrbuch in Modul 2 geübt haben. Sind Sie dafür oder dagegen? Nennen Sie mindestens vier Argumente.**

> **1. Jeder Mensch sollte eine Fremdsprache lernen.**

> **2. Jeder Mensch sollte einen Heimwerkerkurs besuchen.**

Modul 3 **11** **Ratschläge statt Anweisungen für die Prüfungsvorbereitung. Formulieren Sie die Anweisungen in Ratschläge um. Die Redemittel im Lehrbuch in Modul 3 können helfen.**

1. Mach dir einen Lernplan! _____

2. Halte dich an den Plan! _____

3. Schalte Handy und Fernseher aus! _____

4. Frische Luft ist wichtig! Lüfte öfter mal dein Zimmer! _____

Modul 4 **12** **Vorschläge zum Deutschlernen. Zustimmen, ablehnen oder einen Gegenvorschlag machen. Reagieren Sie. Die Redemittel im Lehrbuch, Modul 4, Aufgabe 7c, helfen.**

Was hältst du davon, wenn wir …

1. zusammen lernen?   1. _____

2. zu jedem neuen Wort ein Bild malen?   2. _____

3. uns deutsche Chatfreunde suchen?   3. _____

4. uns CDs mit deutscher Musik ausleihen?   4. _____

5. uns deutsche Nachrichten im Internet ansehen?   5. _____

Modul 1 **13**a Wortschlange. Finden Sie 15 Verben in der Wortschlange. Nach welchen Verben folgt der Infinitiv mit *zu*, nach welchen nicht? Ordnen Sie zu.

anfangenaufhörenbeabsichtigenbeginnen
beschließenbleibengehenhörenkönnen
müssenratensichfreuenvergessenversuchenwerden

Infinitiv mit *zu*	Infinitiv ohne *zu*

b **Infinitiv mit oder ohne *zu*. Ergänzen Sie die E-Mail.**

Liebe Elsa,

Wie geht es dir? Ich habe gehört, du hast schon aufgehört (1) ____ arbeiten. Hast du nicht Lust, wieder etwas (2) ____ lernen? Ich möchte wirklich wieder (3) ____ anfangen, etwas (4) ____ lernen. Deshalb beabsichtige ich, einen Volkshochschulkurs (5) ____ belegen. Ich bin zwar nicht mehr die Jüngste, aber in jedem Alter kann man (6) ____ lernen. Ja, die Zeit ist ein Problem. Von montags bis freitags gehe ich den ganzen Tag (7) ____ arbeiten. Aber am Wochenende muss ich unbedingt etwas (8) ____ tun. Ich werde mir einen Kurs (9) ____ suchen. Vielleicht eine neue Sprache. Ich habe schon vergessen, wie es ist, eine Sprache (10) ____ lernen. Was würdest du mir (11) ____ empfehlen? Schreib doch mal! Ich würde mich freuen, von dir (12) ____ hören.

Viele Grüße, Deine Olga

14a **Hundeschule. Wohin kommt das *zu*? Markieren Sie.**

1. Wir haben den Wunsch, [a] Ihnen [b] helfen, [c] Ihren Hund [d] verstehen.
2. Es ist empfehlenswert, [a] sich und Ihren Hund [b] so früh wie möglich zur Hundeschule [c] an [d] melden.
3. Denn wenn er noch ganz jung ist, muss Ihr Hund [a] lernen, [b] Ihnen [c] vertrauen und [d] Ihnen [e] gehorchen.
4. Und wir müssen [a] lernen, [b] uns so [c] verhalten, dass der Hund [d] versteht, was wir von ihm [e] wollen.
5. Wir müssen es [a] schaffen, [b] unseren Hund [c] motivieren und ihm alles spielerisch [d] bei [e] bringen.
6. Sie werden [a] sehen, dass es nicht nur Ihrem Hund Spaß [b] macht, [c] zusammen [d] trainieren.

b **Schule früher. Wie war das in Ihrem Land? Ergänzen Sie die Sätze.**

1. Früher war es verboten, _____.
2. Aber es war erlaubt, _____.
3. Es gab weniger Möglichkeiten, _____.
4. Früher war es wichtiger, _____.
5. Aber die Kinder hatten mehr Zeit, _____.

Grammatik

START

c Computerkurs für Senioren. Bringen Sie die Wörter in die richtige Reihenfolge. Ergänzen Sie zu, wenn es notwendig ist.

1. wie – Sie – einen Computer – wissen, – bedient? – man – möchten

_____

2. sich – einschalten? – einen Rechner – trauen – Sie – nicht,

_____

3. brauchen – haben! – Sie – Angst – keine

_____

4. nicht – lernen – Sie – sollen – programmieren.

_____

5. Sie – vielleicht – aber – Informationen suchen – neue Leute – kennenlernen? – Lust, – haben

_____

6. können – bei uns – chatten – einloggen, – Sie – sich – lernen, – surfen.

_____

7. die Absicht, – Sie – Möglicherweise – haben – machen? – einen Online-Kurs – irgendwann

_____

8. Bei uns – die Möglichkeit, – lernen. – haben – das alles – Sie

_____

d Und Sie? Was haben Sie sich vorgenommen? Ergänzen Sie die die Sätze.

1. Ich habe vor, _____.

2. Ich habe auch die Absicht, _____.

3. Dabei ist es für mich wichtig, _____.

4. Ich will unbedingt versuchen, _____.

5. Dabei darf ich nicht vergessen, _____.

6. Mein Ziel ist es, _____.

Modul 3 **15a Modalverben. Was bedeuten sie eigentlich? Ordnen Sie zu.**

1. ____ dürfen   5. ____ müssen   a Absicht, eigener Wille   e Wunsch / Lust

2. ____ nicht dürfen   6. ____ sollen   b Fähigkeit / Möglichkeit   f Notwendigkeit

3. ____ können   7. ____ wollen   c Forderung   g Verbot

4. ____ möchten   d Erlaubnis

b Modalverben und ihre Zeitformen. Ergänzen Sie.

Präsens	Präteritum	Perfekt
1. darf	*durfte*	*hat gedurft*
2. kann		
3. muss		
4. soll		
5. will		

16a Ein Modelkurs! Ein Forumsbeitrag von Lucia. Welches Modalverb passt? Kreuzen Sie an.

Lucia
15 Jahre

15.08. | 16:30 Uhr

Ich (1) ☐a möchte ☐b kann mal was anderes machen, als immer nur zur Schule zu gehen. Eigentlich (2) ☐a wollte ☐b sollte ich immer schon lieber Model werden, als Abitur zu machen. Vielleicht (3) ☐a dürftest ☐b könntest du mal einen Volkshochschulkurs machen, hat meine Mutter zu mir gesagt. Wie langweilig! Aber gut, ich (4) ☐a darf ☐b kann mir ja mal das Programm anschauen, habe ich gedacht. Und dann kam die Überraschung! „Einmal Model sein – ein Kurs für 15- bis 20-Jährige", (5) ☐a wollte ☐b konnte man da lesen. Den Kurs (6) ☐a will ☐b durfte ich unbedingt machen, habe ich gedacht und mich angemeldet. Ich (7) ☐a könnte ☐b musste natürlich meine Mutter fragen, denn ich bin erst fünfzehn. Ich freue mich riesig auf den Kurs. Da (8) ☐a werde ☐b wollte ich lernen, mich richtig zu schminken und wir (9) ☐a hätten ☐b sollen lernen, uns auf einem Laufsteg zu bewegen. Ich (10) ☐a darf ☐b werde alles tun, um später in der Modebranche arbeiten zu können.

b Ein Jahr Modelagentur. Lucia berichtet. Formulieren Sie Lucias Aussagen um. Benutzen Sie dazu die Ausdrücke in Klammern.

Lucia
17 Jahre

23.06. | 18:30 Uhr

Ich muss euch sagen, dass es gar nicht so einfach ist, Model zu sein. Alles sind Regeln und Verbote. (1) Man darf keine Süßigkeiten essen, (2) ständig muss man strenge Diät halten. (3) Während der Modenschauen darf man noch nicht einmal fünf Minuten Pause machen. Manchmal hatte ich so viel Hunger, (4) dass ich nicht einschlafen konnte. Wenn man minderjährig ist, (5) braucht man natürlich eine Erlaubnis der Eltern. (6) Aber Eltern und Freunde kann man nur noch selten treffen. Und immer bestimmen andere über dich, (7) sodass du irgendwann gar nicht mehr für dich selbst denken kannst. Ja, wirklich, (8) manchmal mag ich gar nicht mehr Model sein.

1. (erlaubt sein) _____

2. (gezwungen sein) _____

3. (gestattet sein) _____

4. (imstande sein) _____

5. (verpflichtet sein) _____

6. (kaum noch die Möglichkeit haben) _____

7. (in der Lage sein) _____

8. (keine Lust haben) _____

Wortschatz-Hitparade

Nomen

die Abendschule, -n	_____	der Klassenraum, "-e	_____
das Abitur, -e	_____	das Kurzzeitgedächtnis, -se	_____
die Absicht, -en	_____	das Langzeitgedächtnis, -se	_____
das Argument, -e	_____	der Laufsteg, -e	_____
die Ballettschule, -en	_____	die Modenschau, -en	_____
die Erlaubnis _Sg._	_____	der Nachteil, -e	_____
die Fähigkeit, -en	_____	die Notwendigkeit, -en	_____
der Fernseher, –	_____	die Schauspielschule, -n	_____
die Forderung, -en	_____	der Speicher, –	_____
das Gedächtnis, -se	_____	der Strom _Sg._	_____
die Gedächtnislücke, -n	_____	die Überraschung, -en	_____
das Gerät, -e	_____	das Unterrichtsfach, "-er	_____
die Hetze _Sg._	_____	der Vorteil, -e	_____
die Hundeschule, -en	_____	das Zeugnis, -se	_____

Verben

ablehnen	_____	einschalten	_____
anmelden	_____	erledigen	_____
auffrischen	_____	gehorchen	_____
aufhören	_____	gestatten	_____
ausleihen	_____	sich (etwas) merken	_____
beabsichtigen	_____	sich mühen	_____
befürworten	_____	nachschlagen	_____
beibringen	_____	pauken	_____
beschäftigen	_____	verpflichten	_____
beschließen	_____	vertrauen	_____
einloggen	_____	zwingen	_____

Adjektive

bunt	_____	notwendig	_____
empfehlenswert	_____	perfektionistisch	_____
erforderlich	_____	praktisch	_____
erlaubt	_____	problematisch	_____

Andere Wörter

hiermit	_____	möglicherweise	_____
irgendwann	_____	unbedingt	_____

17 Wie heißen die zehn Nomen?

AB – CHT – DER – DÄCHT – ER – FÄ – FOR – GE – HE – HIG – KEIT – LAUB – LAUF – NIS – NIS – SI – STEG –
TEIL – TZE – VOR – UNG

1. _____   5. _____

2. _____   6. _____

3. _____   7. _____

4. _____   8. _____

18 Nach welchen Verben aus der Wortschatz-Hitparade folgt der Infinitiv mit *zu*?

Infinitiv mit *zu*

19 Wichtige Ausdrücke und Sätze. Schreiben Sie in Ihrer Sprache.

Es ist erforderlich, …   _____

Es ist von großer Bedeutung, …   _____

Ich halte es für falsch, …   _____

Ich rate Ihnen, …   _____

Ich schlage vor, …   _____

Ich verpflichte mich dazu, …   _____

Das solltest du unbedingt machen! _____

Dazu bin ich leider nicht imstande. _____

20 Wörter und Sätze, die Sie wichtig finden:

Deutsch: Ihre Sprache:

_____   _____

_____   _____

_____   _____

_____   _____

_____   _____

_____   _____

_____   _____

21 Mein Text. Computerspiele im Kindergarten. Sollen Vier- und Fünfjährige schon an
Computerspiele herangeführt werden? Was halten Sie davon? Schreiben Sie eine Stellungnahme.
Beachten Sie die Strategie im Lehrbuch in Modul 2.

Berufsbilder

Auftakt **1** **Wer arbeitet wo? Finden Sie zu jedem Bereich drei Berufe.**

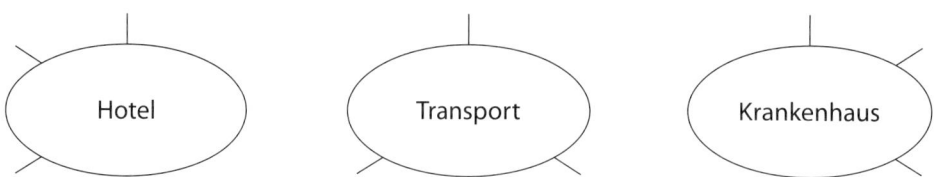

2 **Berufseinstieg und Karriere. In welcher Reihenfolge passiert das normalerweise? Ordnen Sie.**

____ a befördert werden

____ b in die nähere Auswahl kommen

_1._ c die Ausbildung abschließen

____ d zu einem Vorstellungsgespräch gehen

____ e Stellenanzeigen lesen

____ f Berufserfahrung sammeln

____ g eine Bewerbung schreiben

____ h eingestellt werden

3 **Wie heißen die Berufe? Finden Sie die Berufe und das Lösungswort.**

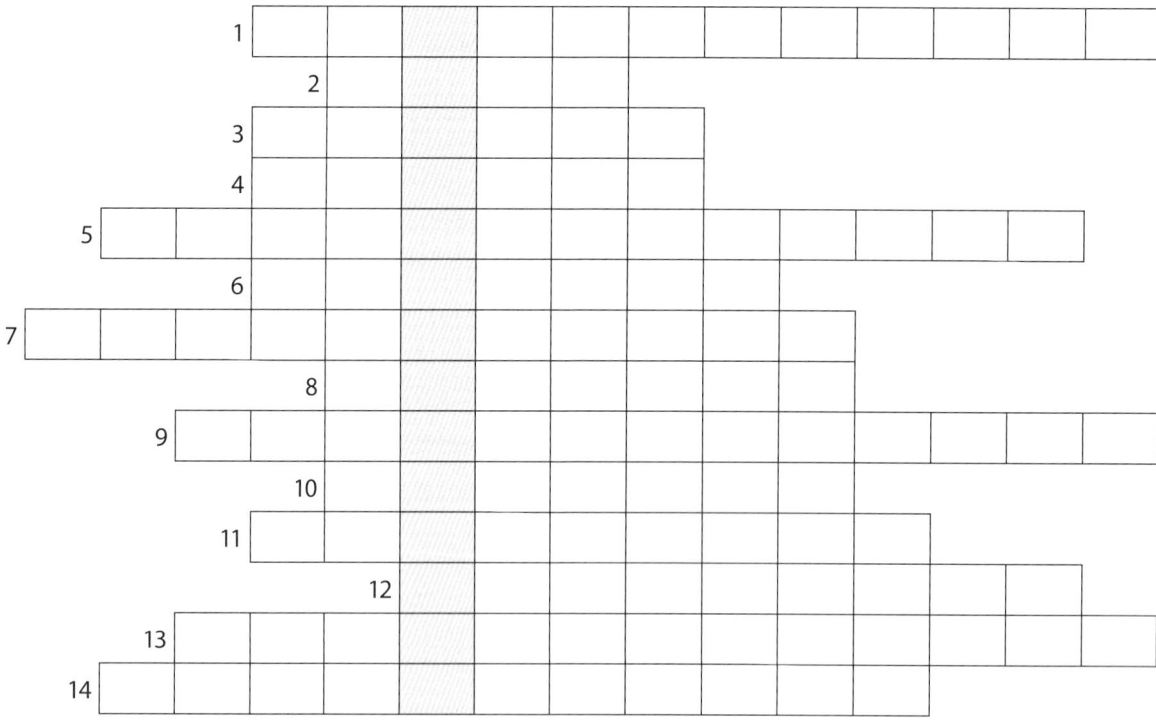

ä, ü, ö = ein Buchstabe

1. Sie schminkt Personen.
2. Er macht Essen.
3. Sie betreut Patienten.
4. Er schneidet Haare.
5. Er repariert Autos.
6. Er serviert im Restaurant.
7. Er hilft beim Umzug.
8. Er hält den Garten in Ordnung.
9. Sie zeigt Touristen die Stadt.
10. Er massiert Menschen.
11. Sie hilft bei Sprachstörungen.
12. Sie macht Brillen.
13. Er macht Computerprogramme.
14. Er hilft bei der Weinlese.

Lösungswort: _____

Was macht die Person mit dem Beruf des Lösungswortes? Erklären Sie.

_____

Modul 1 **4** **Beruf und Karriere. Was passt zusammen? Ordnen Sie zu.**

1. ____ Probleme   a annehmen

2. ____ Aufträge   b entwickeln

3. ____ Karriere   c knüpfen

4. ____ Kontakte   d lösen

5. ____ Aufstiegschancen   e machen

6. ____ freiberuflich   f nutzen

7. ____ Geld   g tätig sein

8. ____ Ideen   h verdienen

Modul 2 **5** **Was passt nicht in die Reihe? Streichen Sie durch.**

1. angestellt sein – freiberuflich tätig sein – verhindert sein – selbstständig sein
2. schnell – sauber – preiswert – persönlich – kompliziert
3. Geschirr – Besteck – Baguette – Gläser
4. Dienstleistung – Picknick – Service – Produkt – Angebot
5. Käseplatte – Hähnchenschenkel – Gardinen – Salate – Frikadellen
6. harmonisch – stressfrei – unkompliziert – kompetent – schief
7. Rasenmäher – Gardinenstange – Mucks – Spülmaschine – Toaster
8. Werkzeug – Reparatur – Pleite – Renovierung – Umbau – Handwerker

Modul 3 **6** **Tipps für die Bewerbung. Finden Sie zwei Fehler pro Zeile und korrigieren Sie.**

Denken Sie dazu, dass viel vom dritten Eindruck hängt. Die Einstellungsunterlagen sollten ordentlich zusammengelegt und unvollständig sein. Also ein Beschreiben, einen lückenhaften Lebenslauf, ein Foto, das erste Schulzeugnis und die Schulzeugnisse der letzten Arbeitnehmer beinhalten.

Sagen Sie dafür, dass in Ihren Unternehmen keine Fehler sind. Dass sich Eselsflecken und Fettohren nicht gut einkaufen, sollte selbstständig sein.

Wer in seiner Arbeitszeit bei einem Verein beitritt oder Karten spielt, sollte darauf ruhig ausgehen. Damit kann man versprechen, dass man über soziale Kontakte genügt. Aber bitte nicht vertreiben!

Zu allem bei der Wahrheit stehen!

1. _____
2. _____
3. _____
4. _____
5. _____
6. _____
7. _____
8. _____
9. _____
10. _____
11. _____
12. _____
13. _____
14. _____

7 **Schreiben Sie sechs Verben mit -ieren.**

_____

_____

Redemittel

8 Nennen Sie sechs Talente, die Sie haben. Lassen Sie sich von den Redemitteln im Kasten inspirieren.

ausgezeichnet   begab sein   besondere Stärke   fähig sein   kompetent sein   können   wirklich gut

_____

_____

_____

_____

_____

_____

9 Bewerbungstipps. Formulieren Sie Ratschläge zu den genannten Punkten in den Klammern.

1. (sich im Vorfeld informieren) _____

2. (sich erkundigen) _____

3. (besonderes Interesse an) _____

4. (vertraute Tätigkeiten) _____

5. (nicht nur Fachwissen) _____

6. (natürlich und gepflegt) _____

10 Vermutungen. Ergänzen Sie die fehlenden Buchstaben.

1. E_ k_n_t_ s_ _ n, d_ _s ...   5. _ _h_s_ _ _ _ _l_ _h ...

2. I_ _ n_ _m_ _ _, _ _ s _ ...   6. _ _h _ _ _n _ _r v_ _s_e_ _ _n, _ _s_ ...

3. _ _ _ _ v_r_ _ _e, _ _ s _ ...   7. E_ i_ _d_ _ _b _r, _ _s_ ...

4. V_ _l_i_ _t ...   8. V_ _m_t_ _ _ _ ...

11 Traumjob. Lesen Sie den Chat und notieren Sie, was die Abkürzungen bedeuten.

Wasserratte an Maxwell, um 22:33:52:
Hi! Hab endlich meinen Traumjob gefunden. (1) G. _____

Maxwell an Wasserratte, um 22:34:02:
Toll! (2) GG. Und was machst du? _____

Wasserratte an Maxwell, um 22:34:35:
Rate mal! (3) GFG _____

Maxwell an Wasserratte, um 22:35:10:
(4) kA. Nun sag schon. _____

Wasserratte an Maxwell, um 22:36:46:
(5) kgw _____

Wasserratte an Maxwell, um 22:50:34:
(6) WD. Hat mit Wasser zu tun! _____

Maxwell an Wasserratte, um 22:51:03:
Echt kA. (7) Biba _____

Wasserratte an Maxwell, um 22:51:20:
Golfballtaucher! (8) gN8 _____

Modul 1 **12a Michaels großer Plan. Schreiben Sie eine E-Mail an einen Freund und erzählen Sie von Michaels Plänen im Futur I. Gehen Sie dabei auf folgende Punkte ein.**

1. sich seinen großen Traum erfüllen
2. sein Hobby zum Beruf machen
3. sich selbstständig machen
4. sein eigener Chef sein

5. immer am Meer leben
6. tolle Arbeitszeiten haben
7. nette Leute kennenlernen
8. genug Geld zum Leben verdienen

○ ○ ○

Lieber Ralf,
hast du es schon gehört? Michael wird sich seinen großen Traum erfüllen. _____
_____
_____
_____

b Wo und als was wird Michael arbeiten? Stellen Sie Vermutungen an.

1. *Ich nehme an, er wird wohl in Spanien leben.* _____
2. _____
3. _____
4. _____

13a Nichts läuft nach Plan. Ihr Hochzeitsplaner organisiert nur Chaos. Schreiben Sie Aufforderungen im Futur I.

1. Die Einladungen sind noch nicht verschickt.

   _____

2. Die Blumenbestecke sind noch nicht bestellt.

   _____

3. Das Menü ist noch nicht mit dem Koch besprochen.

   _____

4. Das Hochzeitskleid ist noch nicht bei der Schneiderin abgeholt worden.

   _____

5. Die Tischkarten sind noch nicht ausgedruckt.

   _____

6. Der Bäcker hat die Hochzeitstorte noch nicht fertig.

   _____

b Einmal Chef für alle sein. Geben Sie den folgenden Menschen eine Anweisung im Futur I.

1. dem Architekten: _____
2. dem Dirigenten: _____
3. dem Dolmetscher: _____
4. dem Gärtner: _____
5. dem Kapitän: _____
6. dem Maler: _____
7. dem Schauspieler: _____

14a Finden Sie zehn Verben und acht Präpositionen.

E	R	I	N	N	E	R	N	A	F	R	E	U	E	N	A
U	X	N	D	E	N	K	E	N	S	G	O	M	H	L	U
B	I	T	T	E	N	R	U	M	F	I	I	A	B	F	F
I	S	E	N	D	E	N	X	C	Ü	B	E	R	A	E	F
E	M	R	Q	K	E	G	K	M	L	E	F	L	N	S	R
R	B	E	W	E	R	B	E	N	I	I	I	R	T	H	A
I	G	S	G	N	M	L	L	S	T	R	B	C	W	O	G
R	O	S	A	B	F	G	H	N	R	O	I	J	O	Z	E
E	R	I	T	U	E	N	F	K	K	M	T	U	R	M	N
N	R	E	Y	Q	V	W	E	N	D	U	N	I	T	N	N
S	P	R	E	C	H	E	N	O	F	S	O	G	E	Y	A
R	N	E	W	B	E	S	E	L	M	I	T	B	N	M	C
N	X	N	F	Ü	R	D	N	T	P	E	H	E	M	G	H

Verben
1. _____
2. _____
3. _____
4. _____
5. _____
6. _____
7. _____
8. _____
9. _____
10. _____

Präpositionen
1. _____
2. _____
3. _____
4. _____
5. _____
6. _____
7. _____
8. _____

b Welche Verben sind reflexiv? Notieren Sie.

1. _____   2. _____   3. _____   4. _____

c Welche Verben aus 14a passen zu den Präpositionen? Es kann mehrere Möglichkeiten geben.

an	auf	bei	für

mit	nach	über	um

d Formulieren Sie die passenden Fragen oder Antworten mit den Verben aus dem Kasten.

bitten um   denken an   sich informieren bei   sich interessieren für   sich unterhalten über

○ (1) _____
● An meine neue Stelle.
○ (2) _____
● Bei meiner Sachbearbeiterin auf dem Arbeitsamt.
○ (3) _____
● Um einen Termin mit meinem zukünftigen Chef.
○ (4) _____
● Über meine neuen Aufgaben.
○ (5) _____
● Für den Aufbau einer neuen Abteilung.

15 Mobbing am Arbeitsplatz. Was passt? Kreuzen Sie an.

> *Mobbing ist ein Thema, __(1)__ das leider immer noch viel zu wenig gesprochen wird. Denn immer mehr Menschen sind __(2)__ betroffen und wissen nicht, wie sie sich __(3)__ wehren können. Aber __(4)__ merkt man eigentlich, dass Mobbing passiert? Niemand antwortet __(5)__ Ihren Gruß? Die Kollegen sprechen nicht mehr __(6)__ Ihnen? Aber sie lachen __(7)__ Sie? Die Kollegen beschweren sich unbegründet __(8)__ Chef __(9)__ Sie? Sie bekommen __(10)__ Ihrem Chef sinnlose Aufgaben? Das alles kann __(11)__ einen Fall von Mobbing hinweisen. Achten Sie __(12)__ das Verhalten Ihrer Kollegen und wehren Sie sich __(13)__. Sprechen Sie offen __(14)__ Ihren Kollegen. Vielleicht verlieren Sie dann den Spaß __(15)__, Sie zu mobben. Wenn Sie allein nichts tun können, helfen wir Ihnen __(16)__. Wir unterstützen Sie __(17)__, die Konflikte zu bearbeiten. Wenden Sie sich vertrauensvoll __(18)__ uns.*
> *Ihr Anti-Mobbing-Beratungsteam*

1. a auf / b über / c von
2. a dabei / b damit / c davon
3. a dagegen / b damit / c gegen
4. a warum / b woran / c wozu
5. a auf / b von / c zu
6. a auf / b bei / c mit
7. a damit / b darüber / c über
8. a am / b an / c beim
9. a über / b von / c zu
10. a ab / b an / c von
11. a auf / b daran / c darauf
12. a an / b auf / c bei
13. a dagegen / b darüber / c gegen
14. a auf / b mit / c von
15. a an / b daran / c damit
16. a bei / b dabei / c damit
17. a auf / b darauf / c dabei
18. a an / b daran / c zu

16 Stellenanzeigen. Ergänzen Sie die Präpositionen.

A
Sie interessieren sich (1) _____ Mathematik?
Sie spielen gern (2) _____ Kindern?
Dann geben Sie unserem Sohn Nachhilfe!
Rufen Sie (3) _____ Familie Meyer an.
031 58796058
Fragen Sie (4) _____ Margarete.

B
Sie freuen sich schon (1) _____ Ihren nächsten Tauchurlaub? Und haben Sie schon mal (2) _____ gedacht, aus Ihrem Hobby einen Beruf zu machen? Werden Sie Tauchlehrer. Bewerben Sie sich (3) _____ uns. Wir informieren Sie gerne (4) _____ die Stelle.
Tauchentotal@web.de

C
Sie achten (1) _____ Ihr Aussehen? Sie sprechen gerne (2) _____ Menschen.
Sie helfen gerne (3) _____ Problemen?
Dann sind Sie richtig in unserem Team.
Senden Sie Ihre Bewerbungsunterlagen (4) _____:
Hotel Jansen, Wasserweg 7, 20357 Hamburg-Altona.

D
Sie sind jung und ungebunden und reisen gern? Sie unterhalten sich gern (1) _____ Kunden?
Man kann sich (2) _____ Sie verlassen?
Dann sind Sie geeignet (3) _____ diese Stelle. Gehen Sie bei Ihrer Bewerbung bitte auch (4) _____ Ihre Hobbys ein.
info@werbungfüralle.de

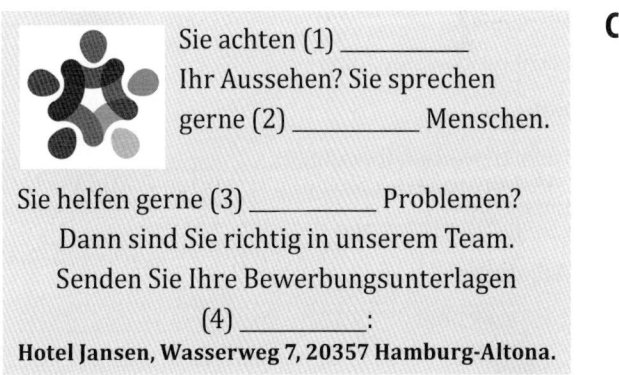

Wortschatz-Hitparade

Nomen

die Auswahl, -en	_____	die Karriere, -n	_____
der Berufseinstieg, -e	_____	die Kosmetikerin, -nen	_____
die Berufserfahrung, -en	_____	der Logopäde, -en	_____
das Blumengesteck, -e	_____	der Möbelpacker, –	_____
die Dienstleistung, -en	_____	der Mucks *Sg.*	_____
der Dolmetscher, –	_____	das Picknick, -e/-s	_____
das Eselsohr, -en	_____	die Pleite, -en	_____
das Fachwissen *Sg.*	_____	die Stärke, -n	_____
der Fettfleck, -e	_____	der Umbau, -ten	_____
die Frikadelle, -en	_____	der Umzug, "-e	_____
die Gardinenstange, -en	_____	das Unternehmen, –	_____
der Hochzeitsplaner, –	_____	der Verein, -e	_____
der Kapitän, -e	_____	die Wahrheit, -en	_____

Verben

annehmen	_____	eingehen (auf)	_____
ausgehen	_____	einstellen	_____
bearbeiten	_____	genügen	_____
beinhalten	_____	mobben	_____
beitreten	_____	nutzen	_____
(sich) beschweren (über)	_____	unterstützen	_____
betreuen	_____	vertreiben	_____
(sich) bewerben (bei/um)	_____	(sich) wehren	_____
bitten (um)	_____	(sich) wenden (an)	_____

Adjektive

ausgezeichnet	_____	lückenhaft	_____
begabt	_____	schief	_____
fähig	_____	selbstständig	_____
freiberuflich	_____	sinnlos	_____
geeignet	_____	vertrauensvoll	_____
kompetent	_____	vertraut	_____

Andere Wörter

dabei	_____	vor allem	_____
damit	_____	wozu	_____

17 Arbeit und Beruf. Welche Wörter aus der Wortschatz-Hitparade passen zu diesen Begriffen?

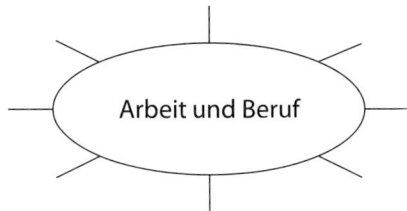

Arbeit und Beruf

18 Vertraut oder fremd? Wie heißt das Gegenteil?

1. begabt _____   5. kompetent _____

2. fähig _____   6. lückenhaft _____

3. freiberuflich _____   7. schief _____

4. geeignet _____   8. sinnvoll _____

19 Wichtige Ausdrücke und Sätze. Schreiben Sie in Ihrer Sprache.

Ich könnte mir gut vorstellen … _____

Achten Sie darauf, dass …. _____

Sorgen Sie dafür, dass … _____

Wovon redest du? _____

Ich habe keine Ahnung. _____

Das wird schon klappen. _____

Es ist denkbar, dass … _____

20 Wörter und Sätze, die Sie wichtig finden:

Deutsch: Ihre Sprache:

_____   _____

_____   _____

_____   _____

_____   _____

_____   _____

_____   _____

_____   _____

_____   _____

_____   _____

_____   _____

21 Mein Text. Suchen Sie sich eine der Stellenanzeigen aus Übung 16 aus, auf die Sie antworten möchten. Schreiben Sie Ihre Bewerbung.

Für immer und ewig

1 Familienstammbaum. Sehen Sie sich den Stammbaum an. In welchen Verwandtschafts-
beziehungen stehen die Personen?

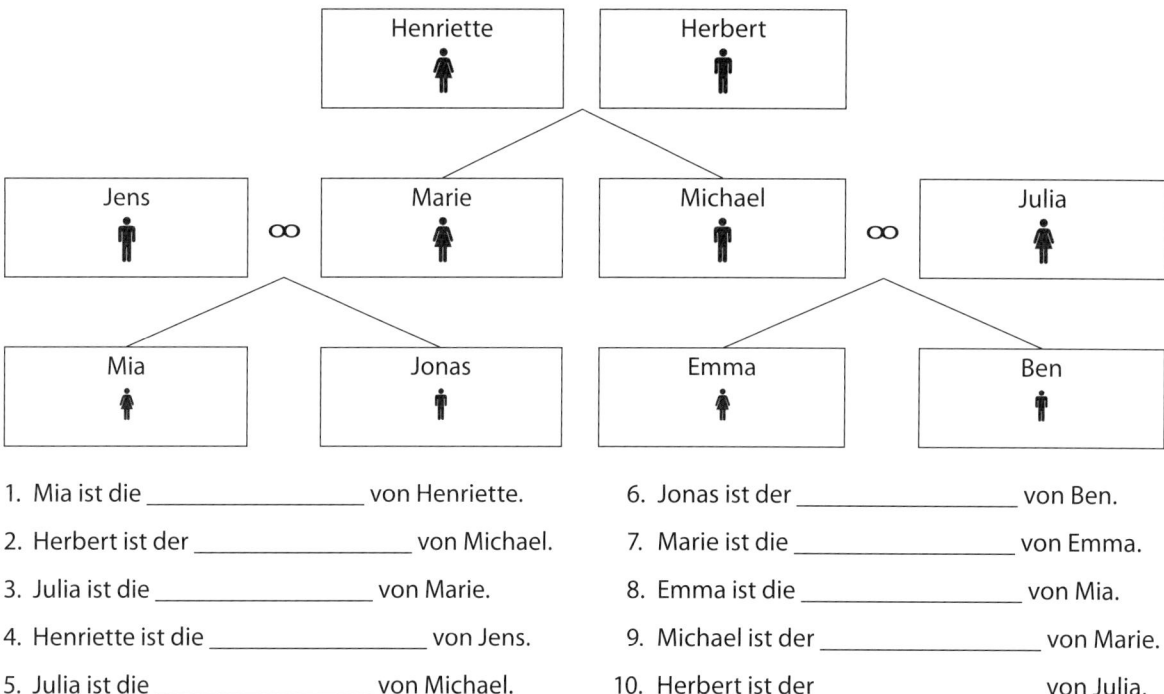

1. Mia ist die _____ von Henriette.

2. Herbert ist der _____ von Michael.

3. Julia ist die _____ von Marie.

4. Henriette ist die _____ von Jens.

5. Julia ist die _____ von Michael.

6. Jonas ist der _____ von Ben.

7. Marie ist die _____ von Emma.

8. Emma ist die _____ von Mia.

9. Michael ist der _____ von Marie.

10. Herbert ist der _____ von Julia.

2 Lösen Sie das Rätsel. Wie heißt das Lösungswort?

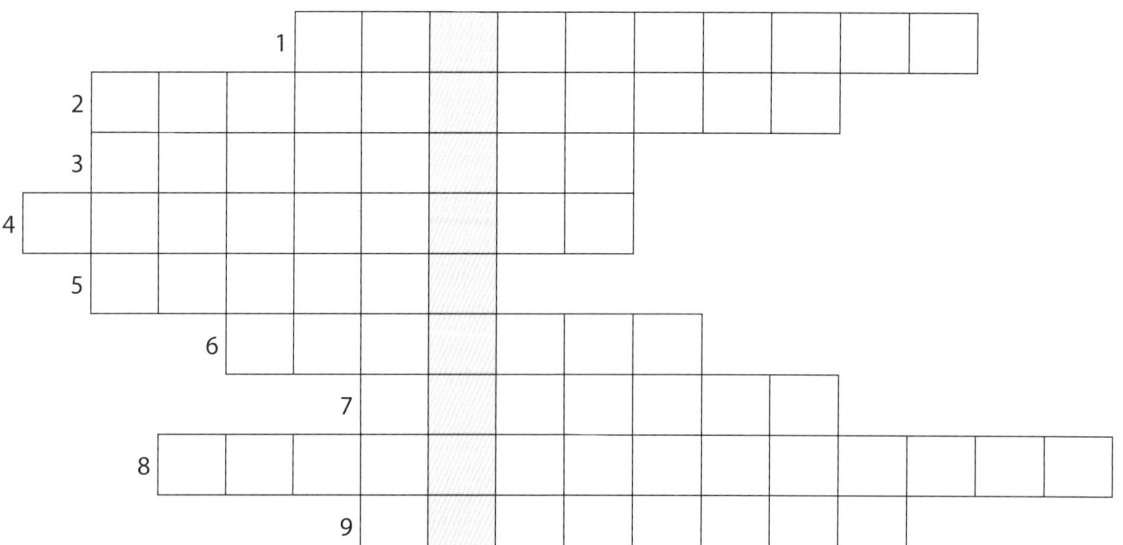

1. Art und Weise zu leben
2. Zusammenleben von mehreren älteren Menschen in einer Wohnung
3. Wenn Ehepartner sich streiten, dann haben sie einen …
4. Wenn Ehepartner sich offiziell trennen, dann kommt es zu einer …
5. Wenn ein Baby auf die Welt kommt
6. Zwei Menschen, die verheiratet sind
7. Die Person, mit der man zusammen ist
8. Alle, die zu einer Familie gehören
9. Wenn man den Partner verlässt oder nicht mehr zusammen sein will

3 **Was passt zusammen? Kombinieren Sie.**

1. ____ Brüder und Schwestern
2. ____ die offizielle Trennung eines Ehepaares
3. ____ Aufnahme in die christliche Gemeinschaft, Namensgebung
4. ____ Frau, deren Ehemann gestorben ist
5. ____ einen Toten feierlich begraben
6. ____ männliche Person, mit der man wie in einer Ehe lebt
7. ____ Schmerz, weil man unglücklich verliebt ist
8. ____ glauben, dass der Partner untreu ist

a die Beerdigung
b die Eifersucht
c die Geschwister
d der Lebensgefährte
e der Liebeskummer
f die Scheidung
g die Taufe
h die Witwe

4 **Single sein, sich kennenlernen, sich scheiden lassen. Welche Wörter assoziieren Sie mit welchem Thema? Notieren Sie.**

Single sein	Sich kennenlernen	Sich scheiden lassen

Modul 2 **5** **Partnerglück im Internet. Hier fehlen Buchstaben in der Mitte der Wörter. Wie heißen die Wörter richtig?**

Beag _____   Lebte _____
Ding-Pol _____   One-Plorm _____
gebtig _____   One-Parung _____
Konse _____   Parück _____
kostig _____   Pache _____

Modul 3 **6** **Ihr/e Traumpartner/in. Wie soll er/sie sein? Wie soll er/sie aussehen? Notieren Sie jeweils fünf Adjektive.**

 So soll er/sie sein:
_____
_____
_____
_____

So soll er/sie aussehen:
_____
_____
_____
_____

7 **Wortfelder *Liebe* und *Familie*. Bilden Sie Komposita.**

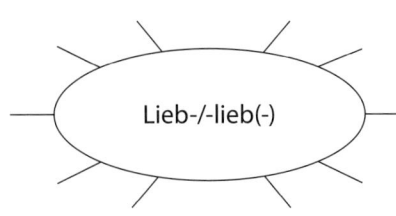 Lieb-/-lieb(-)

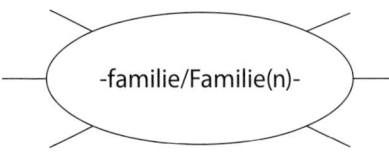 -familie/Familie(n)-

Redemittel

8a Argumente verbinden. Ergänzen Sie die Redemittel.

1. _____ einmal denke ich, dass …

2. Ein _____ Vorteil/Nachteil ist, dass …

3. _____ ist für mich wichtig, dass …

4. _____ _____ vergessen ist …

5. Ich glaube _____ _____,
dass …

6. _____ möchte ich noch daran
_____, dass …

b Sie sind ausgesprochener Gegner von Online-Partnerbörsen. Ordnen Sie die Argumente und benutzen Sie die Redemittel aus 8a. Schreiben Sie.

> kann gefährlich sein   nicht sehr kommunikativ und spontan
>
> viele Portale sind kostenpflichtig und teuer   schwierig, das richtige Portal zu finden
>
> schon immer haben sich die Menschen im realen Leben kennengelernt und verliebt
>
> viel zu anonym und rational und kein bisschen romantisch
>
> die meisten Menschen lügen und erstellen falsche Profile

_____

_____

_____

_____

_____

_____

_____

9 Über das Verliebtsein sprechen. Ordnen Sie zu.

1. ____ Ich schwebe

2. ____ Du siehst alles

3. ____ Ich bin im siebten

4. ____ Es war Liebe auf

5. ____ Ich habe Schmetterlinge

6. ____ Ich habe Herzklopfen, wenn

a Himmel.

b im Bauch.

c auf Wolken.

d ich sie/ihn sehe.

e den ersten Blick.

f durch eine rosa Brille.

10 Steckbriefe. Erstellen Sie einen Steckbrief zu zwei Personen aus der Fotogeschichte im Lehrbuch auf den Auftaktseiten des Kapitels. Lassen Sie Ihrer Fantasie freien Lauf.

Sie

Alter: _____

Familienstand: _____

Beruf: _____

Aussehen: _____

_____

Charakter: _____

_____

Hobbys: _____

Er

Alter: _____

Familienstand: _____

Beruf: _____

Aussehen: _____

_____

Charakter: _____

_____

Hobbys: _____

Modul 1   **11a Buchstabenrätsel. Finden Sie 14 Verben, die reflexiv gebraucht werden können.**

A	V	W	Ü	N	S	C	H	E	N	R	S	T	W
Ä	B	E	E	I	L	E	N	W	L	M	M	R	U
B	E	N	T	S	C	H	U	L	D	I	G	E	N
U	D	O	V	O	R	S	T	E	L	L	E	N	D
R	A	P	Q	F	R	E	U	E	N	L	W	N	E
U	N	T	E	R	H	A	L	T	E	N	Ö	E	R
S	K	E	N	N	E	N	O	K	X	Z	H	N	N
V	E	R	L	I	E	B	E	N	U	H	N	G	B
I	N	T	E	R	E	S	S	I	E	R	E	N	I
Ä	N	D	E	R	N	S	E	H	N	E	N	K	S

b **Welche Verben aus 11a sind <u>immer</u> reflexiv? Notieren Sie, wenn nötig, auch die passende Präposition.**

1. _____   5. _____

2. _____   6. _____

3. _____   7. _____

4. _____   8. _____

Bei welchem Verb aus 11a steht das Reflexivpronomen im Dativ? _____

c **Unsere Patchworkfamilie. Ein Leserbrief. Ergänzen Sie die Reflexivpronomen.**

Marianne,
42 Jahre

19.09. | 19:30 Uhr

Mein Ex-Mann und ich, wir haben (1) _____ vor zehn Jahren getrennt. Wir haben (2) _____ dazu entschlossen, dass unsere Töchter bei mir bleiben. Alleinerziehend zu sein, das konnte ich (3) _____ anfangs nicht vorstellen. Und natürlich habe ich (4) _____ nach einer Familie gesehnt, aber Männer haben (5) _____ damals nicht interessiert. Bis ich Kai getroffen habe. Wir haben (6) _____ im Büro kennengelernt. Wir haben (7) _____ nicht sofort ineinander verliebt. Kai war damals noch verheiratet, aber später hat er (8) _____ scheiden lassen. Zuerst habe ich (9) _____ darüber gewundert, dass seine Söhne bei ihm lebten. In dieser Zeit haben wir (10) _____ oft nach Feierabend getroffen, zusammen mit den Kindern. Ja, und das mit der Liebe, das hat (11) _____ einfach so ergeben. Und irgendwann haben wir (12) _____ dann darüber unterhalten, ob wir nicht alle zusammenziehen sollten. Die Kinder haben (13) _____ anfangs dagegen gewehrt. Sie mussten (14) _____ natürlich erst an den Gedanken gewöhnen. Aber dann haben sie (15) _____ zusammengerauft und jetzt verstehen sie (16) _____ prima. Ich wünsche (17) _____, dass (18) _____ viel mehr Menschen trauen, ein neues Leben zu beginnen.

d Senioren-WG. Ein Interview mit Else K., 76 Jahre. Ergänzen Sie, wenn nötig, die Reflexivpronomen an der richtigen Stelle.

○ Guten Tag, Frau H.! Können wir (1) [a] _____ einen Moment [b] _____ unterhalten?

● Guten Tag. Oh, ich (2) [a] _____ bedanke [b] _____ für Ihr Interesse. Aber ich muss
(3) [a] _____ ein bisschen [b] _____ beeilen. Ich kümmere (4) [a] _____ heute um
[b] _____ den Einkauf.

○ Frau H., Sie (5) [a] _____ leben [b] _____ in einer Senioren-WG. Wann und warum haben
(6) [a] _____ Sie [b] _____ zu diesem Schritt entschlossen?

● Ja, das lässt (7) [a] _____ nicht mehr [b] _____ genau sagen. Das hat (8) [a] _____
eigentlich [b] _____ durch Zufall so entwickelt.

○ Liebe Frau H., würden Sie uns kurz erzählen, warum (9) [a] _____ Sie [b] _____ für diese
Lebensform entschieden haben?

● Wir sind sechs Freundinnen und wir haben (10) [a] _____ schon immer [b] _____ zum Bridge
getroffen. Einige von uns sind (11) [a] _____ schon früh [b] _____ verwitwet. Andere haben
(12) [a] _____ irgendwann [b] _____ scheiden lassen. Und dann haben wir (13) [a] _____
gemerkt [b] _____, dass wir alle alleinstehend waren. Aber so alleine in unseren Wohnungen
haben wir (14) [a] _____ nicht mehr [b] _____ wohlgefühlt. Also haben (15) [a] _____ wir
[b] _____ gedacht: Warum tun wir (16) [a] _____ nicht [b] _____ zusammen? Ja, wir haben
(17) [a] _____ das [b] _____ alles gut überlegt. Als wir (18) [a] _____ dann unsere Wohnun-
gen [b] _____ verkauft haben, um (19) [a] _____ zusammen [b] _____ ein großes Haus zu
kaufen, haben (20) [a] _____ die Leute zuerst über uns [b] _____ lustig gemacht. Aber später
haben (21) [a] _____ sie [b] _____ sehr über ihre neuen Nachbarinnen gefreut. Mittlerweile
kann ich (22) [a] _____ gar nicht [b] _____ mehr vorstellen, anders zu leben. So, jetzt muss ich
(23) [a] _____ aber auf den Weg [b] _____ machen. Meine WG-Genossinnen warten.

○ Ich danke (24) [a] _____ Ihnen [b] _____ für das Gespräch, Frau H.

Modul 3

12 Relativpronomen. Ergänzen Sie die Tabelle.

	maskulin	feminin	neutrum	Plural
Nominativ			*das*	
Akkusativ				*die*
Dativ		*der*		
Genitiv	*dessen*			

Welche Funktion haben Relativsätze? Erklären Sie.

_____

13a Ein Quiz. Ordnen Sie zu und finden Sie die richtige Antwort.

1. ___ Wie heißt der Mann,   a aus denen Pizza gemacht wird?   1. _____

2. ___ Wie heißt die Stadt,   b mit dem man Bilder aufzeichnet?   2. _____

3. ___ Wie heißt das Gerät,   c der als Erster den Mond betreten hat?   3. _____

4. ___ Wie heißen die Grundzutaten,   d in der Mozart geboren wurde?   4. _____

b Was oder wer ist das? Schauen Sie nicht im Wörterbuch nach! Benutzen Sie Ihre Fantasie! Schreiben Sie eine Definition mit Relativsätzen.

1. *Eine Baumschule ist ein Ort, an dem* _____

2. *Eine Eselsbrücke* _____

3. *Eine Götterspeise* _____

4. *Ein Draufgänger* _____

5. *Eine Kichererbse* _____

6. *Ein Kulturbeutel* _____

7. *Ein Marmorkuchen* _____

8. *Ein Wolkenkratzer* _____

14 Auf der Suche nach der großen Liebe. Schreiben Sie eine Kontaktanzeige für diese beiden Personen. Ergänzen Sie jeden Satz mit jeweils drei Relativsätzen.

Ich bin eine Frau,

1. _____
2. _____
3. _____

Ich suche einen Mann / eine Frau,

1. _____
2. _____
3. _____

Ich bin ein Mann,

1. _____
2. _____
3. _____

Ich suche eine Frau / einen Mann,

1. _____
2. _____
3. _____

odul 1+3 | **15** Meine Jugendliebe. Ergänzen Sie – wenn nötig – die Präpositionen, die Relativ- und die Reflexivpronomen.

Das ist der Mann, (1) _____ _____ ich (2) _____ verliebt habe, als ich 17 war. Es war auf einer Party,

(3) _____ die Lehrerin des Austauschprogramms organisiert hatte. Er war der typische Junge, (4) _____

_____ alle Mädchen schwärmten. Auch ich habe (5) _____ Hals über Kopf in diesen jungen Mann verliebt,

(6) _____ außerdem sehr gut tanzen konnte. Am Tag nach der Party haben wir (7) _____ noch einmal

getroffen. Das war der Tag, (8) _____ _____ wir (9) _____ zum ersten Mal geküsst haben. Aber dann

kamen Zeiten, (10) _____ nicht leicht waren, weil wir (11) _____ nur selten sehen konnten. Er hat in Oslo

studiert, der Stadt, (12) _____ _____ seine Eltern lebten. Glücklicherweise gab es die Ferien, (13) _____

_____ wir uns immer getroffen haben. Irgendwann haben wir (14) _____ dann aus den Augen verloren.

Bis ich 20 Jahre später eine E-Mail bekam, (15) _____ _____ ich (16) _____ sehr gewundert habe. Sie

war von ihm! Es war das Internet, (17) _____ uns wieder zusammengeführt hat. Wir haben (18) _____ in

Paris verabredet, der Stadt, (19) _____ _____ alle Verliebten einmal gewesen sein sollten. Das war ein

Wochenende, (20) _____ _____ ich (21) _____ immer erinnern werde. Denn seitdem haben wir

(22) _____ nicht mehr getrennt.

Wortschatz-Hitparade

Nomen

die Baumschule, -n	_____	der Lebensgefährte, -n	_____
die Beerdigung, -en	_____	der Liebeskummer *Sg.*	_____
der Beitrag, "-e	_____	das Online-Dating *Sg.*	_____
das Brautpaar, -e	_____	die Online-Plattform, -en	_____
das Dating-Portal, -e	_____	die Partnerbeziehung, -en	_____
der Draufgänger, –	_____	das Partnerglück *Sg.*	_____
der Ehekrach *Sg.*	_____	die Partnerschaft, -en	_____
der Ehepartner, –	_____	die Partnersuche *Sg.*	_____
die Eifersucht *Sg.*	_____	die Partnerwahl *Sg.*	_____
die Eselsbrücke, -en	_____	die Patchworkfamilie, -n	_____
der Feierabend, -e	_____	die Scheidung, -en	_____
der Forscher, –	_____	der Schmetterling, -e	_____
die Gemeinschaft, -en	_____	die Schwägerin, -nen	_____
das Herzklopfen *Sg.*	_____	die Taufe, -n	_____
die Jugendliebe, -n	_____	die Trennung, -en	_____
die Kontaktbörse, -n	_____	die Verwandtschaft *Sg.*	_____
der Kulturbeutel, –	_____	der Wolkenkratzer, –	_____

Verben

aufzeichnen	_____	sich scheiden lassen	_____
sich beeilen	_____	schwärmen (für)	_____
betreten	_____	schweben	_____
sich entschuldigen (für)	_____	sich sehnen nach	_____
(sich) ergeben	_____	(sich) streiten	_____
erstellen	_____	(sich) trennen	_____
sich freuen auf/über	_____	sich verlieben	_____
sich gewöhnen	_____	sich verloben	_____
sich interessieren für	_____	(sich) wundern	_____
(sich) kennen	_____	(sich) wünschen	_____
(sich) kümmern	_____	zusammenziehen	_____

Adjektive

kostenlos	_____	untreu	_____
partnerschaftlich	_____	zeitgemäß	_____

Andere Wörter

anfangs	_____	irgendwann	_____
ewig	_____	mittlerweile	_____
glücklicherweise	_____	zerstritten	

16 Partner. Ergänzen Sie die Mindmap mit den Wörtern aus der Hitparade zum Thema *Partner*.

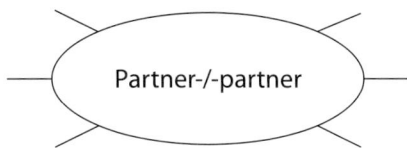

Partner-/-partner

17 Nomen, Verb und Adverb. Ergänzen Sie die Tabelle.

Nomen	Verb	Adverb/Partizip
	taufen	
		getrennt
die Verlobung		
		ersehnt
		zerstritten
	sich scheiden lassen	
		verändert
die Entschuldigung		

18 Wichtige Ausdrücke und Sätze. Schreiben Sie in Ihrer Sprache.

Zunächst einmal denke ich … _____

Weiterhin ist für mich wichtig … _____

Nicht zu vergessen ist … _____

Man hat mir das Herz gebrochen. _____

Ich schwebe auf Wolken. _____

Es war Liebe auf den ersten Blick. _____

19 Wörter und Sätze, die Sie wichtig finden:

Deutsch: Ihre Sprache:

_____   _____

_____   _____

_____   _____

_____   _____

_____   _____

_____   _____

20 Mein Text. „Ist die Ehe heute noch zeitgemäß?" Schreiben Sie Ihre Meinung zu diesem Thema. Schreiben Sie ca. 80 Wörter und benutzen Sie die Redemittel aus dem Lehrbuch in Modul 2.

Kaufen, kaufen, kaufen

1a   Wie heißen die Geschäfte und was kann man dort kaufen?

Geschäft: _____   Geschäft: _____   Geschäft: _____

Was man kaufen kann: Was man kaufen kann: Was man kaufen kann:

_____   _____   _____

_____   _____   _____

_____   _____   _____

_____   _____   _____

_____   _____   _____

b   In welches Fachgeschäft kann ich gehen, wenn ich …

1.   … schnell eine Zeitschrift und Tabakwaren besorgen möchte.   _____

2.   … meiner Freundin Ohrringe kaufen möchte.   _____

3.   … ein Lexikon verschenken möchte.   _____

4.   …. meine Wohnung neu einrichten möchte.   _____

5.   … einen Kasten Bier kaufen will.   _____

6.   … Shampoo brauche.   _____

2   Welches Wort passt nicht in die Reihe? Streichen Sie durch.

1. bestellen – eingeben – abholen – bezahlen
2. angeben – aussuchen – anprobieren – kaufen
3. Preisnachlass – Preisausschreiben – Ausverkauf – Schnäppchen
4. ausgeben – abheben – gefallen – anzahlen
5. besorgen – bestehen – einkaufen – einpacken
6. Seife – Taschentücher – Brot – Shampoo – Duschgel
7. Supermarkt – Einkaufswagen – Umkleidekabine – Sonderangebot
8. Schaufenster – Reklamation – Rechnung – Umtausch
9. Konto – Kreditkarte – Kühlregal – Kasse

3   Nützliche oder unnütze Erfindungen? Ergänzen Sie. Denken Sie an Produkte, die Sie in diesem Modul kennengelernt haben.

1. _____ _____sauger   5. _____ Fern_____

2. _____ _____tuch   6. _____ Wasch_____

3. _____ _____spüler   7. _____ Klapp_____

4. _____ _____fänger   8. _____ Rollen_____

Modul 2 **4a Ausdrücke rund um das Thema Geld und Konsum. Was passt zusammen? Ordnen Sie zu.**

1. bar   5. Geld   ____ a abschicken   ____ e suchen

2. eine Bestellung   6. auf Konsum   ____ b ausfüllen   ____ f umtauschen

3. billig   7. nach Raritäten   ____ c ausgeben   ____ g verzichten

4. ein Formular   8. Ware   ____ d einkaufen   ____ h zahlen

b Finden Sie zwölf Wörter zum Thema Geld und Konsum. Notieren Sie mit Artikel.

K	O	N	S	U	M	V	E	R	H	A	L	T	E	N	A
R	X	N	D	E	N	A	E	N	S	G	O	M	H	L	U
A	I	T	R	E	N	K	A	U	F	R	A	U	S	C	H
T	S	E	G	D	K	A	U	F	H	A	U	S	A	E	Ä
E	M	W	E	R	E	U	K	M	L	E	M	L	N	S	N
N	B	E	L	E	R	F	E	N	I	I	T	R	T	H	D
K	R	E	D	I	T	K	A	R	T	E	A	C	W	O	L
A	O	S	S	W	E	R	B	U	N	G	U	J	O	Z	E
U	B	I	O	T	E	A	F	K	K	M	S	U	R	M	R
F	R	E	R	Q	V	F	E	N	D	E	C	I	T	N	N
S	P	R	G	C	H	T	N	O	F	S	H	G	E	Y	A
R	N	G	E	L	D	A	U	T	O	M	A	T	N	M	C
N	K	O	N	S	U	M	V	E	R	Z	I	C	H	T	H

1. _____

2. _____

3. _____

4. _____

5. _____

6. _____

7. _____

8. _____

9. _____

10. _____

11. _____

12. _____

Modul 4 **5 Werbung. Bilden Sie Komposita.**

Werbe

6 Eine Präsentation. Bilden Sie Ausdrücke oder Sätze. Ordnen Sie anschließend zu: a) Reaktionen, b) Fragen, c) Antworten. Die Redemittel im Arbeitsbuch in Modul 4 können Ihnen helfen.

1. ___ auffallen   _____

2. ___ denken   _____

3. ___ die Frage   _____

4. ___ gefallen   _____

5. ___ glauben   _____

6. ___ interessant sein   _____

7. ___ neu sein   _____

8. ___ sagen   _____

9. ___ Recht haben   _____

10. ___ die Rückmeldung   _____

Redemittel

Modul 1 **7** **Zwei deutsche Erfindungen. Wie heißt das Objekt? Benennen und beschreiben Sie es. Wie sieht es aus (Farbe, Form, Größe)? Aus welchem Material ist es? Wo findet man es? Was kann man damit machen? Die Redemittel im Lehrbuch in Modul 1 können helfen.**

_____

_____

_____

_____

_____

_____

Modul 2 **8a** **Tausche Mundharmonika. Ergänzen Sie die Sätze mit den Redemitteln aus dem Kasten.**

ein faires Angebot	sie ist total praktisch	ganz wenig gebraucht
du kannst sie super gebrauchen		das ist eine gute Gelegenheit

(1) _____, um damit Musik zu machen.

(2) _____, um Mundharmonika spielen zu lernen.

(3) _____, weil sie in die Handtasche oder die Hosentasche passt.

Sie ist (4) _____.

Ich finde, das ist (5) _____.

b **Reagieren Sie und machen Sie ein Gegenangebot. Sie können folgende Begriffe verwenden.**

nicht spielen können	zu wenig sein	lieber gegen etwas anderes tauschen
keinen guten Tausch finden		nicht neu aussehen

_____

_____

_____

Modul 3 **9** **Welche Redemittel gehören zu a) eine Beschwerde äußern und einen Vorschlag machen oder b) auf eine Beschwerde reagieren. Ordnen Sie zu.**

1. _____ Wir könnten Ihnen eine Gutschrift ausstellen.

2. _____ Könnten Sie uns das bitte schriftlich geben?

3. _____ Könnte ich bitte Ihren Chef sprechen?

4. _____ Ich würde vorschlagen, dass Sie mir ein neues Gerät schicken.

5. _____ Könnten Sie mich bitte mit dem Geschäftsführer verbinden?

6. _____ Wir würden Sie bitten, sich an den Hersteller zu wenden.

7. _____ Ich bitte Sie, mir so schnell wie möglich Ersatz zu schicken.

8. _____ Darauf hätten Sie hinweisen müssen.

9. _____ Könnten Sie bitte zu uns kommen?

Modul 1 **10a Geniale oder absurde Erfindungen? Welche Beschreibung passt zu welchem Produkt? Ordnen Sie zu. Ich brauche es, …**

1. … um exakt gleiche Portionen zu schneiden.
2. … um auch ohne Strom nicht gegen die Möbel zu laufen.
3. … um Notizen anzuhängen und leicht wieder zu entfernen.
4. … um eine Flasche luftdicht zu verschließen.
5. … um keine Obstreste in meiner Tasche zu finden.
6. … um mich beim Duschen als Pop-Star zu fühlen.

___ a der Bananenbehälter
___ b der Dusch-Mikrofon-Schwamm
___ c der Kronkorken
___ d der LED-Hausschuh
___ e die Pizzaschere
___ f das Post-it

b Deutsche Erfindungen. Wozu braucht man sie? Ergänzen Sie die Finalsätze. Wenn Sie das Wort nicht kennen, benutzen Sie Ihre Fantasie. Ich brauche …

1. einen Dübel, _____.
2. eine Glühbirne, _____.
3. einen Kaffeefilter, _____.
4. eine Mundharmonika, _____.
5. eine Thermosflasche, _____.
6. eine Wäscheklammer, _____.
7. Zahnpasta, _____.

Gibt es eine besondere Erfindung aus Ihrem Land? Wozu braucht man sie? Beschreiben Sie.

_____

c Was benutzen Sie für diese Tätigkeiten? Antworten Sie wie im Beispiel.

1. ~~Blumen gießen~~
2. Brille putzen
3. Bügeln
4. Haare trocknen
5. Kaffee kochen
6. Rechnen
7. Schreiben
8. Wäsche trocknen

1. *Zum Blumengießen benutze ich* _____
2. _____
3. _____
4. _____
5. _____
6. _____
7. _____
8. _____

d Preisen Sie fünf Produkte aus 10a an. Formulieren Sie Finalsätze mit *damit*.

Beispiel: *Kaufen Sie einen Bananenbehälter, damit es nie wieder Bananenbrei in der Schultasche gibt.*

1. _____
2. _____
3. _____
4. _____
5. _____

Grammatik

11 **Mehr konsumieren? Oder auf Konsum verzichten? *Um … zu* oder *damit*? Schreiben Sie Sätze.**

Wir sollten mehr konsumieren,

1. _____ (Finanzkrise bremsen).

2. _____ (Geld in die Wirtschaft fließen).

3. _____ (die Unternehmen Arbeitsplätze schaffen).

4. _____ (die Firmen mehr investieren).

5. _____ (glücklich sein).

Wir sollten weniger konsumieren,

6. _____ (Ressourcen sparen).

7. _____ (Umwelt und Klima schützen).

8. _____ (Arbeitszeiten verkürzt werden können).

9. _____ (die Menschen sich auf Wichtigeres konzentrieren).

10. _____ (den Wert der Dinge wieder schätzen lernen).

Modul 3 **12** **Bilden Sie den Konjunktiv II zu den Verben in der Tabelle und konjugieren Sie.**

	dürfen	haben	können	sein	werden
ich					
du					
er/sie/es					
wir					
ihr					
sie/Sie					

Wie bilden die meisten Verben den Konjunktiv II? Mit _____

13 **Das Konjunktiv II-Sudoku. Ergänzen Sie die fehlenden Verben im Konjunktiv II.**

	würde	könnte	dürfte		
dürfte					könnte
	könnte			dürfte	
	hätte			sollte	
wäre					hätte
		hätte	wäre	würde	

14a **Immer die Etikette wahren! Formulieren Sie höfliche Bitten und Fragen mit *dürfte* oder *könnte*.**

1. Ich möchte den Abteilungsleiter sprechen. _____

2. Ich bitte Sie, einen Moment zu warten. _____

3. Beeilen Sie sich bitte. _____

4. Darf ich Sie um einen Moment Geduld bitten? _____

   _____

5. Helfen Sie mir bitte! _____

6. Nehmen Sie die Ware bitte zurück. _____

b Ihre neue Kamera funktioniert nicht. Woran könnte das liegen? Stellen Sie Vermutungen an.

1. (Batterie leer) _____

   _____

2. (Auslöser defekt) _____

   _____

3. (Zoom nicht richtig eingestellt) _____

   _____

4. (keine Speicherkarte eingelegt) _____

   _____

c Jammern nützt nichts mehr. Sie tun es trotzdem. Formulieren Sie irreale Sätze.

~~Batterie aufladen~~ eine andere Kamera kaufen	die Speicherkarte nicht verlieren
in ein anderes Geschäft gehen	die Kamera nicht verleihen
beim Einkaufen nicht so spontan sein	auf den Verkäufer hören

Beispiel: *Hätte ich doch bloß die Batterie aufgeladen!*

1. _____
2. _____
3. _____
4. _____
5. _____
6. _____

15 Ergänzen Sie die passende Form von *dürfen, können, sein, sollen, haben* oder die Formen von *würde*.

○ Guten Tag. (1) _____ ich Sie einen Moment stören? Ich (2) _____ da eine Frage.

● Wobei (3) _____ ich Ihnen behilflich sein?

○ (4) _____ Sie sich mal mein Handy ansehen. Es funktioniert nicht mehr richtig.

   (5) _____ ich doch bloß nicht meine Tochter damit spielen lassen! Es (6) _____

   sein, dass sie es kaputt gemacht hat.

● Da (7) _____ ich an Ihrer Stelle lieber einen Fachmann fragen. (8) _____ Sie so

   nett, einen Moment zu warten? Dann (9) _____ ich meinen Kollegen um Hilfe fragen.

○ Kein Problem. (10) _____ Sie mir in der Zwischenzeit ein paar Handytaschen zeigen?

● (11) _____ Sie gern eine bestimmte Farbe?

○ Etwas Buntes. Das (12) _____ doch lustig.

● (13) _____ Sie bitte mitkommen? Dort drüben haben wir Handytaschen.

   Sie (14) _____ sie sich in Ruhe anschauen.

○ Danke. (15) _____ Sie mir auch noch die Preise sagen?

Wortschatz-Hitparade

Nomen

das Angebot, -e	_____	der Konsumverzicht *Sg.*	_____
der Auslöser, –	_____	die Kreditkarte, -n	_____
der Behälter, –	_____	der Kronkorken, –	_____
der Brei, -e	_____	die Mundharmonika, -s	_____
die Erfindung, -en	_____	der Ohrring, -e	_____
der Ersatz *Sg.*	_____	das Preisausschreiben, –	_____
die Fernbedienung, -en	_____	der Ratenkauf, "-e	_____
die Finanzkrise, -n	_____	der Rollenkoffer, –	_____
der Gedanke, -n	_____	das Schaufenster, –	_____
der Geldautomat, -en	_____	das Schnäppchen, –	_____
die Geldsorgen Pl.	_____	der Staubsauger, –	_____
das Gerät, -e	_____	das Taschentuch, "-er	_____
der Geschäftsführer, –	_____	der Tausch *Sg.*	_____
der Geschirrspüler, –	_____	der Teebeutel, –	_____
der Händler, –	_____	der Tropfenfänger, –	_____
der Kasten, "–	_____	die Umkleidekabine, -n	_____
das Kaufhaus, "-er	_____	der Umtausch *Sg.*	_____
der Klappschirm, -e	_____	das Unternehmen, –	_____
das Konsumverhalten *Sg.*	_____	die Wäscheklammer, -n	_____

Verben

abheben	_____	entfernen	_____
abholen	_____	erhitzen	_____
anprobieren	_____	gebrauchen	_____
anzahlen	_____	hinweisen	_____
ausfüllen	_____	investieren	_____
ausgeben	_____	schätzen	_____
besorgen	_____	spülen	_____
bestellen	_____	(um)tauschen	_____
bezahlen	_____	verbinden	_____
bremsen	_____	verschließen	_____
bügeln	_____	verzichten	_____

Adjektive

defekt	_____	mysteriös	_____
luftdicht	_____	unnütz	_____

Andere Wörter

bar	_____	bloß	_____

16 Ergänzen Sie die passenden Wörter aus der Wortschatz-Hitparade.

Am Samstag muss ich viele Dinge (1) _____. Natürlich muss ich dann vorher noch zum

(2) _____, um Geld (3) _____. Beim Regen neulich ist der

(4) _____, den ich mir neu gekauft hatte, kaputtgegangen. Den will ich unbedingt

(5) _____. Auch die (6) _____ für den Fernseher ist kaputt.

Da habe ich letzte Woche schon eine neue (7) _____ und die ist jetzt beim

(8) _____ eingetroffen und ich muss sie nur noch (9) _____.

Vielleicht gehe ich dann auch noch ins (10) _____. Dort gibt es viele

(11) _____. Mal sehen, ob ich ein (12) _____ finde. Ach, und ich habe

so viel Wäsche gewaschen, dass ich bestimmt auch noch mehr (13) _____ brauche.

17 Bilden Sie Nomen zu den folgenden Verben. Notieren Sie den Artikel.

1. anprobieren   *die Anprobe* _____   6. bezahlen _____

2. anzahlen _____   7. hinweisen _____

3. ausgeben _____   8. investieren _____

4. bestellen _____   9. umtauschen _____

5. besorgen _____   10. verzichten _____

18 Wichtige Ausdrücke und Sätze. Schreiben Sie in Ihrer Sprache.

Es könnte sein, dass … _____

Könnten Sie … bitte … _____

Dürfte ich … bitte … _____

Es ist aus / besteht aus … _____

Man braucht es, …. _____

Es eignet sich sehr gut zum … _____

Ich kann dazu nur sagen, dass … _____

Das bräuchte ich schriftlich. _____

Darauf hätten Sie hinweisen müssen. _____

Was ist dir zu diesem Thema aufgefallen? _____

Deine Rückmeldung ist sehr interessant. _____

Du hast recht. Das denke ich auch. _____

19 Wörter und Sätze, die Sie wichtig finden:

Deutsch: Ihre Sprache:

_____   _____

_____   _____

20 Mein Text. „Wickelt Werbung uns nur ein? Brauchen wir überhaupt Werbung?" Nehmen Sie schriftlich Stellung. Schreiben Sie über Vor- und Nachteile. Berichten Sie über Ihre persönlichen Erfahrungen und über die Rolle von Werbung in Ihrem Heimatland. Vergessen Sie nicht den Abschluss Ihres Textes.

Auftakt **1a** Es gibt viele Arten zu reisen. Ordnen Sie den ersten Teil des Kompositums.

1. Nacpimg 4. Salpucha

2. Lenslews — -reise — 5. Säftscheg

3. Schongrufs 6. Settäd

1. _____
2. _____
3 _____
4. _____
5. _____
6. _____

b Welche Wörter passen zu welcher Reise? Ordnen Sie zu.

der Aktenkoffer beruflich besichtigen der Einkaufsbummel die Führung der Geschäftspartner
der Job die Kultur der Last-Minute-Trip das Meeting die Natur der Schlafsack
der Szeneführer der Terminkalender die Tankstelle die Wanderung der Wohnwagen das Zelt

A _____
_____
_____
_____
_____
_____

B _____
_____
_____
_____
_____
_____

C _____
_____
_____
_____
_____
_____

c Was nehmen Sie auf welche Reise mit? Notieren Sie. Vergessen Sie nicht den Artikel.

Modul 1 **2** **Die Weltreise. Was passt zusammen? Ordnen Sie zu.**

1. ____ Fernweh
2. ____ den Flug
3. ____ Fotos
4. ____ Hotelbewertungen
5. ____ sich im Internet

6. ____ den Koffer
7. ____ mehrere Kontinente
8. ____ die Tage
9. ____ eine Weltreise
10. ____ durch den Zoll

a anschauen
b bereisen
c buchen
d gehen
e haben

f informieren
g lesen
h packen
i planen
j zählen

Modul 2 **3a** **Ein Urlaub mit Engagement. Finden Sie zehn Nomen in der Wortschlange und schreiben Sie sie mit Artikel in die Tabelle (Spalte 1+3).**

BEGEISTERUNGERFAHRUNGENGAGEMENTERHOLUNGKOOPERATIONORGANISATIONTEILNAHMEUNTERSTÜTZUNG

Nomen	Verben	Nomen	Verben
1. _____	_____	5. _____	_____
2. _____	_____	6. _____	_____
3. _____	_____	7. _____	_____
4. _____	_____	8. _____	_____

b **Schreiben Sie nun die Verben zu den Nomen aus 3a in die Tabelle. Ergänzen Sie, wenn nötig, auch die Präposition.**

Modul 3 **4** **Ein Reiseangebot richtig verstehen. Was bedeuten einzelne Ausdrücke? Kreuzen Sie an.**

1. Wenn Sie lesen, dass vom Flughafen „nur ein kurzer Transfer zum Hotel" notwendig ist, dann bedeutet das, dass Sie [a] eventuell in der Nähe des Flughafens oder [b] in zentraler Lage am Urlaubsort untergebracht sind.
2. Wenn Sie von Ihrem Hotelzimmer aus das Meer sehen wollen, dann sollten Sie darauf achten, dass im Reiseprospekt [a] Meerseite oder [b] Meerblick steht.
3. Wenn Ihr Hotel eine „verkehrsgünstige Lage" hat, dann wohnen Sie [a] ruhig und zentral oder [b] an einer lauten Straße.
4. Wenn Ihr Hotel „zweckmäßig eingerichtet" ist, dann heißt das, dass Ihr Hotel [a] sehr einfach oder [b] sehr anspruchsvoll eingerichtet ist.
5. Wenn Sie „Strandnähe" lesen, dann bedeutet das, dass Sie [a] direkt am Strand wohnen oder [b] sicher 15 Minuten zum Strand gehen müssen.

Modul 4 **5** **Eine Städtereise. Welche Wörter passen zusammen? Ordnen Sie zu.**

1. ____ der Einkaufsbummel
2. ____ das Frachtschiff
3. ____ das Schmuddelwetter
4. ____ die Gemäldesammlung
5. ____ der Obststand

6. ____ das Kaufhaus
7. ____ das Theater
8. ____ der Zoo
9. ____ der Reeder
10. ____ das Dienstleistungs- zentrum

a die Markthalle
b der Nebel
c das Museum
d der Hafen
e die Ladenpassage

f das Musical
g der Ozeanriese
h der Park
i die Damenabteilung
j die Medienfirma

Redemittel

6a Zustimmung, Zweifel, Ablehnung. Ergänzen Sie die Redemittel und markieren Sie: Was passt zu
a) Zustimmung ausdrücken, b) Zweifel ausdrücken und c) Ablehnung ausdrücken?

1. ____ Ich glaube k_____, dass …

2. ____ Ich sehe das v_____ anders, da …

3. ____ Das kann ich mir überhaupt nicht v_____, weil …

4. ____ Das s_____ ich auch so, weil …

5. ____ Das halte ich für ü_____, weil …

6. ____ Dem s_____ ich zu, denn …

7. ____ Das kann ich mir gut v_____.

8. ____ Ich habe da so meine Z_____, denn …

b Reagieren Sie auf die sechs Aussagen auf den Kärtchen
mit den Redemitteln aus 6a.

> **1** Es tut bestimmt allen Menschen gut, einmal im Jahr auf den gewohnten europäischen Komfort zu verzichten.

> **2** Es gibt viele Organisationen, die anderen Menschen helfen. Dann muss ich das nicht in meinem Urlaub tun.

> **4** Eine Kultur kann man nur dann richtig kennenlernen, wenn man mit den Menschen zusammen lebt und arbeitet.

> **3** Ein zweiwöchiges Workcamp ist nicht sinnvoll, weil da die Kontinuität fehlt.

> **5** Ich arbeite das ganze Jahr. Da sehe ich nicht ein, dass ich auch noch in meinem Urlaub arbeiten soll.

> **6** Ich finde es nicht gut, wenn auch ältere Menschen an solchen Workcamps teilnehmen. Dann sind die Altersunterschiede einfach zu groß.

_____

_____

_____

_____

_____

_____

7 Sie möchten telefonisch ein Zimmer buchen. Ergänzen Sie den Dialog.

○ Guten Tag, was kann ich für Sie tun?   ● 1. _____

○ Reisen Sie alleine?   ● 2. _____

○ Wann reisen Sie an?   ● 3. _____

○ Wie lange möchten Sie bleiben?   ● 4. _____

   ● 5. _____

○ Das Zimmer kostet 80€ pro Nacht.   ● 6. _____

○ Wir haben leider kein preisgünstigeres Zimmer frei.   ● 7. _____

○ Auf welchen Namen darf ich das Zimmer reservieren?   ● 8. _____

○ Wünschen Sie eine Reservierungsbestätigung?   ● 9. _____

○ Gern geschehen!   ● 10. _____

Modul 1 **8a Finden Sie einen temporalen Konnektor pro Zeile. Kreisen Sie ein.**

1. aber – allerdings – als – andererseits – ansonsten – anstatt
2. bei – beide – bereits – bevor – bitte – bloß
3. nachdem – nein – nicht mehr – nie – nirgendwo – noch – nur
4. sämtlich – sehr – sein – selbst – so – sogar – solange – sondern
5. während – was – wegen – weil – wer – wie – wo – wohl
6. warum – was für ein – welcher – wenig – wenn – woher – wozu

b Was passiert gleichzeitig? Bilden Sie Sätze mit _während_.

1. (ich / auf Weltreise / sein) (ich /viel / fotografieren)

   Während ich _____

2. (ich / am Strand liegen) (gern / ein Buch / lesen)

   _____

3. (ich / ins Museum gehen) (meine Freundin / einen Einkaufsbummel machen)

   _____

c Was mache ich zuerst? Bilden Sie Sätze mit _bevor_.

1. (ich / Hotelempfehlungen im Internet / lesen) (ich / ein Hotel / buchen)

   Bevor ich _____

2. (ich / das Auto / in die Werkstatt geben) (in Campingurlaub / fahren)

   _____

3. (ich / eine Checkliste / machen) (den Koffer / packen)

   _____

d Was mache ich danach? Bilden Sie Sätze mit _nachdem_. Schreiben Sie den Hauptsatz im Präteritum.

1. (ich / Abi / machen) (ich / zwei Monate / durch Ecuador / reisen)

   Nachdem ich _____

2. (ich / aus Ecuador / zurückkommen) (ins Studienfach Lateinamerikanistik / sich einschreiben)

   _____

3. (ich / zwei Semester / studieren) (in Ecuador / an einem Workcamp / teilnehmen)

   _____

9 _seit/seitdem_ oder _bis_. Ergänzen Sie.

Ich bin total glücklich, (1) _____ ich meine Reise nach Kanada gebucht habe. Ich zähle die Tage, (2) _____ ich endlich losfliege. Ich glaube, ich mache kein Auge zu, (3) _____ ich meine alten Freunde wiedersehe. (4) _____ ich wieder Kontakt zu ihnen habe, chatten wir täglich. Besonders Shayne hat sich verändert, (5) _____ ich ihn das letzte Mal gesehen habe. (6) _____ er zurück in Kanada ist, arbeitet er als Fotograf. Ich kann das noch gar nicht glauben, (7) _____ ich ihn dann selbst bei einem Fototermin sehe. Er sagt, dass er einen ganz persönlichen Weg gegangen ist, (8) _____ er in Europa war.

Grammatik

10 Welche Antwort passt? Kreuzen Sie an.

1. Sag mal, hast du den Flug schon gebucht?
   - [a] Ja, gleich nachdem wir die Termine festgelegt hatten.
   - [b] Ja, seitdem du mich darum gebeten hast.

2. Und wann hast du dir den Hotelkatalog angeschaut?
   - [a] Während ich beim Frisör war.
   - [b] Bis ich ihn im Reisebüro abgeholt habe.

3. Liest du jetzt ein Buch über China?
   - [a] Ja, nachdem ich von der Arbeit gekommen bin.
   - [b] Ja, seit ich weiß, dass wir bald nach China fliegen.

4. Und wann können wir den Leihwagen reservieren?
   - [a] Bis die Hotelreservierung bestätigt ist.
   - [b] Während wir am Flughafen sind.

Modul 3 **11a Bilden Sie zehn temporale Präpositionen mit den Buchstaben aus dem Kasten.**

A	A	A	A	B	B	B	B	C	E	E	E	F	H	H	I	I	I
I	L	N	N	N	N	N	O	R	R	R	R	S	S	T	Ü	Ü	V

1. _____   3. _____   5. _____   7. _____   9. _____

2. _____   4. _____   6. _____   8. _____   10. _____

b Welche Präpositionen aus 11a stehen mit Dativ, welche mit Akkusativ und welche mit Genitiv. Ordnen Sie zu.

mit Akkusativ	mit Dativ	mit Genitiv

c Welche Präpositionen zeigen eine Zeitdauer an, welche einen Zeitpunkt?

Zeitpunkt	Zeitdauer

d *in – im, an – am.* Ergänzen Sie die Präpositionen, wenn nötig.

1. _____ April
2. _____ drei Wochen
3. _____ einem Jahr
4. _____ ersten Januar
5. _____ Herbst
6. _____ nächste Woche
7. _____ Weihnachten
8. _____ 20. Jahrhundert
9. _____ 2014

e Ergänzen Sie die Artikel.

1. ab _____ zweiten Januar
2. außerhalb _____ Saison
3. an _____ heißesten Tagen
4. in _____ Nacht
5. innerhalb _____ Jahres
6. nach _____ Reise
7. seit _____ Sommer
8. über _____ Monat
9. während _____ Urlaubs

f *vor, nach* und *während*. **Formulieren Sie folgende Sätze um. Benutzen Sie temporale Präpositionen und die Wörter aus dem Kasten.**

> der Abflug   der Ausflug   der Flug   das Essen   die Landung   der Mittagsschlaf   der Strandspaziergang

1. Bevor wir abgeflogen sind, war ich ganz nervös.

   _____

2. Während wir flogen, konnte ich nichts essen.

   _____

3. Nachdem wir gelandet sind, musste ich erst einmal einen Mittagsschlaf machen.

   _____

4. Nachdem ich den Mittagsschlaf gehalten hatte, ging es mir wieder besser.

   _____

5. Ich wollte unbedingt noch einen Strandspaziergang machen, bevor wir zum Essen gingen.

   _____

6. Während wir am Strand spazieren gingen, planten wir unsere Aktivitäten für die nächsten Tage.

   _____

7. Am nächsten Tag wollte ich noch shoppen gehen, bevor wir unseren ersten Ausflug machten.

   _____

12 Ein schöner Urlaub ist anders! Welche Präposition passt: a, b oder c?

Schon __(1)__ der Abreise gab es Ärger mit dem Reisebüro, weil unser Flug storniert wurde. Als wir endlich neue Tickets hatten, mussten wir dann __(2)__ Abflug auch noch im Flugzeug warten, weil das Flugzeug eine Panne hatte. __(3)__ der Landung waren wir aber begeistert. Die Landschaft war wunderschön! Und der Weg zum Hotel auch. Aber __(4)__ unserer Ankunft im Hotel kam gleich der nächste Schock: Unser Zimmer war belegt. Erst __(5)__ drei Tagen sei es wieder frei, sagte man uns. __(6)__ drei Stunden Wartezeit, __(7)__ neun Uhr abends, bekamen wir dann endlich ein Zimmer. __(8)__ jetzt wollen wir unseren Urlaub genießen, sagten wir uns. Aber dann fiel __(9)__ Duschen gleich der Duschkopf ab. Und warmes Wasser gab es auch nicht. Es gibt schon __(10)__ drei Tagen kein warmes Wasser, erklärte man uns an der Rezeption. __(11)__ des späten Abendessens im Hotelrestaurant hörten wir plötzlich einen Höllenlärm. „Was ist das?", fragten wir. „Hier ist __(12)__ Abend und __(13)__ der Nacht immer Disco", war die Antwort. Da war klar: Hier würden wir es nicht __(14)__ zum nächsten Morgen aushalten. __(15)__ kürzester Zeit packten wir unsere Koffer und suchten uns ein anderes Hotel.

1. a bis
   b von
   c vor

2. a am
   b beim
   c während

3. a an
   b bei
   c vor

4. a bei
   b seit
   c zu

5. a ab
   b für
   c in

6. a innerhalb
   b nach
   c seit

7. a an
   b um
   c vor

8. a ab
   b von
   c vor

9. a ab
   b beim
   c bis

10. a für
    b seit
    c vor

11. a beim
    b innerhalb
    c während

12. a am
    b im
    c zwischen

13. a in
    b innerhalb
    c nach

14. a bis
    b für
    c gegen

15. a innerhalb
    b nach
    c um

Wortschatz-Hitparade

Nomen

der Aktenkoffer, –	_____	der Mittagsschlaf *Sg.*	_____
die Campingreise, -n	_____	der Nebel *Sg.*	_____
der Direktflug, "-e	_____	der Ozeanriese, -n	_____
der Duschkopf, "-e	_____	die Panne, -n	_____
der Einkaufsbummel, –	_____	der Prospekt, -e	_____
die Erholung *Sg.*	_____	der Reeder, –	_____
das Fernweh *Sg.*	_____	die Reservierungs-	
die Forschungsreise, -n	_____	bestätigung, -en	_____
das Frachtschiff, -e	_____	der Schlafsack, -e	_____
die Gemäldesammlung, -en	_____	die Tankstelle, -n	_____
die Geschäftsreise, -n	_____	die Teilnahme *Sg.*	_____
der Höllenlärm *Sg.*	_____	die Urlaubspläne Pl.	_____
die Hotelbewertung, -en	_____	die Wanderung, -en	_____
die Ladenpassage, -n	_____	die Wellnessreise, -n	_____
die Landung, -en	_____	die Weltreise, -n	_____
der Last-Minute-Flug, "-e	_____	der Wohnwagen, –	_____
der Leihwagen, –	_____	das Zelt, -e	_____
die Markthalle, -n	_____	der Zoll *Sg.*	_____
der Meerblick *Sg.*	_____		

Verben

abfallen	_____	einsehen	_____
anschauen	_____	erfahren	_____
aushalten	_____	festlegen	_____
(sich für etwas) begeistern	_____	kooperieren	_____
bereisen	_____	landen	_____
besichtigen	_____	packen	_____
bestätigen	_____	stornieren	_____
buchen	_____	teilnehmen	_____

Adjektive

anspruchsvoll	_____	verkehrsgünstig	_____
preisgünstig	_____	zweckmäßig	_____
sinnvoll	_____	zentral	_____

Andere Wörter

allerdings	_____	beide	_____
andererseits	_____	innerhalb	_____

13 Hitparaden-Kreuzworträtsel. Finden Sie das Lösungswort.

(*ä, ö, ü* = ein Buchstabe)

1. Die sollte man lesen, bevor man ein Zimmer bucht.
2. ein anderes Wort für Katalog oder Broschüre
3. den braucht man nachts im Zelt
4. ein Wetterphänomen, das die klare Sicht behindert
5. wenn man sich nach fernen Ländern sehnt
6. Vor der Reise muss man seinen Koffer … .
7. ein Synonym für billig
8. eine Person, die Schiffe besitzt
9. Wenn das Flugzeug auf den Boden aufkommt, dann … es.

Lösungswort: _____

14 Verabschieden Sie sich einmal anders. Was können Sie sagen? Bilden Sie Kombinationen mit *bis* und ergänzen Sie.

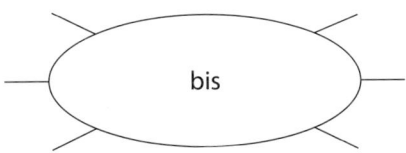

15 Wichtige Ausdrücke und Sätze. Schreiben Sie in Ihrer Sprache.

Sehr geehrte Damen und Herren, …   _____

Leider musste ich feststellen, dass …   _____

Es ist mit Sicherheit so, dass …   _____

Ich bezweifle, dass …   _____

Ich möchte mich über … beschweren.   _____

Ja, das kann ich mir gut vorstellen.   _____

Über eine Antwort würde ich mich freuen.   _____

16 Wörter und Sätze, die Sie wichtig finden:

Deutsch: Ihre Sprache:

_____   _____

_____   _____

_____   _____

17 Mein Text. „Ein Wochenende in Hamburg". Sie planen eine Wochenendreise nach Hamburg. Überlegen Sie, wie Sie an- und abreisen möchten, wo Sie übernachten und was Sie am Freitag, am Samstag und am Sonntag unternehmen wollen. Schreiben Sie dann eine Mail an einen Freund / eine Freundin, in der Sie über Ihre Pläne berichten und ihn/sie bitten, Sie zu begleiten.

Natürlich Natur!

1 Klima und Klimawandel. Suchen Sie zwölf Wörter zum Thema Klima. Notieren Sie sie mit Artikel auf den Schreibzeilen.

L	G	L	A	T	T	E	I	S	O	W	H	K	J	E	U
T	K	F	R	A	S	T	P	I	T	E	T	F	N	B	R
R	Y	O	Y	L	G	E	W	I	T	T	E	R	E	E	D
O	C	M	K	C	X	U	U	R	T	T	S	O	X	L	B
C	B	L	E	K	J	C	J	K	K	E	S	S	W	Y	D
K	G	S	E	M	S	R	S	T	U	R	M	T	O	P	R
E	Z	U	N	N	I	E	D	E	R	S	C	H	L	A	G
N	W	W	D	K	O	G	M	Y	H	J	I	S	K	L	N
H	A	N	N	E	B	E	L	M	E	B	C	V	E	U	V
E	A	W	B	Z	E	N	T	E	R	Q	D	G	W	V	T
I	X	H	I	T	Z	E	O	N	L	I	I	T	F	S	E
T	E	R	D	E	R	W	Ä	R	M	U	N	G	R	J	B

1. _____
2. _____
3. _____
4. _____
5. _____
6. _____
7. _____
8. _____
9. _____
10. _____
11. _____
12. _____

2 Berge und Täler. Finden Sie in der Wortschlange zwölf Begriffe zum Thema Landschaft. Notieren Sie die Artikel.

BACHGEBIRGEHÖHLEHÜGELINSELKÜSTEMEERSEESTRANDWALDWIESEWÜSTE

1. _____
2. _____
3. _____
4. _____

5. _____
6. _____
7. _____
8. _____

9. _____
10. _____
11. _____
12. _____

3 Umweltschmutz oder Umweltschutz. Bilden Sie Komposita und ergänzen Sie.

Umwelt-/umwelt-

4 Die Umwelt schonen. Was passt zusammen? Notieren Sie.

1. ___ Abfall
2. ___ Bäume
3. ___ duschen
4. ___ Energiesparlampen
5. ___ Fahrgemeinschaften
6. ___ Mikrowelle
7. ___ Ökostrom
8. ___ ein schadstoffarmes Auto
9. ___ Standby
10. ___ Wasser

a ausschalten
b fahren
c benutzen
d bilden
e nutzen

f pflanzen
g seltener benutzen
h sparen
i statt baden
j trennen

Modul 1 **5a** **Singles werden zum Umweltproblem. Ergänzen Sie die fehlenden Wörter oder Buchstaben.**

1. Ein- _____-Haushalt
2. die Gegen _____nahme
3. inn _____iv
4. konsum _____iert
5. m _____fristig
6. ö _____gisch
7. Res _____cen
8. Ver _____müll
9. Umwelt- _____bombe

b **Damit muss endlich Schluss sein! Ordnen Sie die Buchstaben.**

1. Wsesar vncesrdehwen _____
2. Wäledr ahzbenlo _____
3. Fsslüe vstuzhmcneer _____
4. Mlül pdrzeioneru _____
5. Rouscsreen vdernwcneesh _____
6. die Edre vfrgietne _____
7. Wnsähhseare treopfn lsaesn _____
8. die Heznuig nchit rehrhenerntued _____

Modul 2 **6** **Mein Haustier. Ein Gedicht. Ergänzen Sie die fehlenden Wörter.**

Am Morgen schon zu früher Stund,

da weckt mich das Gebell von meinem (1) _____.

Zum Frühstück kommt auf das Brot die Butter,

und in den (2) _____ das (3) _____.

Mein lieber Freund, ich sag es dir,

das ist ein supertolles (4) _____.

Er hat natürlich 'nen ausgeprägten Spieltrieb,

und ich bin ausgesprochen (5) _____.

Im Budget ist er ein Extraposten,

schon wegen der hohen (6) _____.

Ja, so ein Tier ist schon recht teuer,

man zahlt ja auch die (7) _____.

Zum Spaziergang, du weißt, was ich meine,

kommt er natürlich an die (8) _____.

Und eins ist mir nicht einerlei,

und das ist die (9) _____.

> die Anschaffungskosten
> das Tier   der Hund
> das Hundefutter   die Hundesteuer
> die Leine   der Napf
> tierlieb   die Tierquälerei

Stund = Stunde
etwas ist mir einerlei =
etwas ist mir egal

Modul 4 **7** **Wasser ist lebenswichtig. Welche Assoziationen haben Sie zum Thema Wasser? Notieren Sie.**

Süßwasser _____

_____

_____

_____

Redemittel

8a (Umwelt-)Probleme erörtern. Ergänzen Sie die Redemittel. Was passt: *Aspekt(e)* oder *Problem(e)*?

1. Ein wichtiger _____ dabei ist …

2. Das könnte zu einem _____ werden, denn …

3. Dieses _____ entsteht dadurch, dass ….

4. Ein weiterer negativer _____ ist, dass …

5. Wir sollten auch folgende _____ berücksichtigen: …

6. Das größte _____ dabei ist, …

7. Bei diesem _____ müssen wir folgende _____ beachten: …

8. Auch folgenden _____ dürfen wir nicht vergessen: …

b *„Bauen und wohnen", „Papier", „Handy, TV und PC"* oder *„Kleidung"*? Wählen Sie ein Thema aus und erörtern Sie dieses mit fünf Redemitteln aus 8a.

9 *Das Wort ergreifen* (a) und *sich nicht unterbrechen lassen* (b). Schreiben Sie die Sätze richtig und ordnen Sie zu.

1. ____ kurz – da – einhaken – ich – müssen: _____.

2. ____ gleich – ich – fertig – Augenblick – sein – noch: _____.

3. ____ ausreden – bitte – Sie – lassen – mich: _____.

4. ____ Sie – Sie – ich – unterbrechen – wenn – entschuldigen: _____

_____.

5. ____ noch – mich – Sie – bringen – lassen – Ende – Gedanken – zu – den: _____

_____.

6. ____ eines – sagen – ich – noch – möchten – nur: _____.

7. ____ etwas – ich – möchten – ergänzen – dazu: _____.

8. ____ auch – ich – sagen – dürfen – dazu – etwas: _____?

10 Zehn Tipps zum Notizen machen. Welche Tipps treffen zu? Kreuzen Sie an.

☐ 1. Schreiben Sie genau ab/auf, was Sie hören oder lesen.

☐ 2. Formulieren Sie in eigenen Worten.

☐ 3. Notieren Sie Schlüsselwörter.

☐ 4. Schreiben Sie ganze Sätze.

☐ 5. Benutzen Sie keine Abkürzungen.

☐ 6. Schreiben Sie auf beiden Seiten Ihres Notizblattes.

☐ 7. Verwenden Sie auch Symbole oder Skizzen.

☐ 8. Lassen Sie möglichst wenig Platz.

☐ 9. Nummerieren Sie Ihre Notizblätter.

☐ 10. Markieren Sie Abschnitte (Trennlinien, Pfeile etc.)

11 Einen Vortrag/ein Referat halten. Welche Redemittel gehören zu (a) *Einleitung*, (b) *Übergänge*, (c) *Strukturierung* oder (d) *Schluss*?

1. ____ Zuerst spreche ich über …

2. ____ Soweit der erste Teil. Nun möchte ich mich dem zweiten Teil zuwenden.

3. ____ Abschließend möchte ich noch erwähnen …

4. ____ Ich spreche heute über das Thema …

5. ____ Im dritten Teil befasse ich mich mit …

6. ____ Zusammenfassend möchte ich sagen …

7. ____ Mein Vortrag ist in drei Teile gegliedert.

8. ____ Vielen Dank für Ihre Aufmerksamkeit.

9. ____ Ich komme jetzt zum zweiten Teil …

Modul 1 **12**a **Das Verb werden. Konjugieren Sie.**

	Präsenz	Präteritum	Perfekt
ich	*werde*	*wurde*	*bin geworden*
du			
er/sie/es			
wir			
ihr			
sie/Sie			

b **Was bedeutet das Verb *werden* in folgenden Sätzen? Erklären Sie mit eigenen Worten.**

1. Anja wird Lehrerin. _____

2. Es wird langsam warm. _____

3. Wir werden nächstes Jahr nach Brasilien ziehen. _____

4. Du wirst jetzt sofort deine Hausaufgaben machen! _____

5. Das wird wohl stimmen, wenn er das sagt. _____

6. Nebenan wird ein Öko-Haus gebaut. _____

c **Das Passiv. Welche Sätze funktionieren besser im Passiv? Kreuzen Sie an, was wichtiger ist …**

… die Person, die eine Aktion ausführt?	… eine Aktion, die ausgeführt wird?
1. [a] Jemand holt mich am Bahnhof ab.	1. [b] Ich werde am Bahnhof abgeholt.
2. [a] Die Leute haben die Umweltaktion massiv unterstützt.	2. [b] Die Umweltaktion wurde massiv unterstützt.
3. [a] Meine Schwester hat sich im Fair-Trade-Laden ein tolles Kleid gekauft.	3. [b] Ein tolles Kleid aus dem Fair-Trade-Laden wurde gekauft.
4. [a] Die Müllabfuhr holt den Müll schon seit Tagen nicht ab.	4 [b] Der Müll wird seit Tagen nicht abgeholt.
5. [a] Singles verbrauchen mehr Strom.	5 [b] Es wird mehr Strom verbraucht.
6. [a] Eine Firma hat das Haus ökologisch saniert.	6 [b] Das Haus ist ökologisch saniert worden.

13a **Die Geschichte der Ökologiebewegung. Formulieren Sie Sätze im Passiv Präteritum.**

FAIR TRADE

1. 1972 – in Stockholm – erste Umweltschutzkonferenz – abhalten

_____

2. in den 70er-Jahren – in Deutschland – zum ersten Mal – massiv gegen Atomkraftwerke – protestieren

_____

3. 1980 – in Deutschland – erste ökologische Partei – gründen

_____

4. schon 1978 – mit dem Motto „Jute statt Plastik" – auf das Problem des Plastikmülls – aufmerksam machen

_____

5. in den 80er-Jahren – zum ersten Mal – über das Thema Waldsterben – öffentlich debattieren

_____

6. 2009 – Saarbrücken – zur ersten Fairtrade-Stadt Deutschlands – ernennen

_____

Grammatik

b Ökologie beginnt zu Hause. Gute Tipps. Bilden Sie Sätze im Passiv mit Modalverben.

1. Am besten schon beim Bau des Hauses auf gute Wärmeisolierung achten!

   _____

2. Und in der Küche am besten auch gleich einen Induktionsherd einbauen!

   _____

3. Trotzdem beim Kochen immer die Töpfe abdecken!

   _____

4. Unbedingt die Wasserhähne zudrehen!

   _____

5. Möglicherweise Schmutzwasser ohne Seifenreste zum Blumengießen wiederverwenden!

   _____

c Das Passivhaus. Was ist richtig, a oder b? Kreuzen Sie an.

Warum (1) [a] wird [b] werden Passivhäuser „passiv" (2) [a] genannt [b] nennen? Weil die Wärmeenergie aus „passiven" Quellen (wie z.B. Sonnenenergie) (3) [a] decken [b] abgedeckt (4) [a] wird [b] wurde. In Passivhäusern (5) [a] wird [b] werden keine klassische Heizung (6) [a] einbauen [b] eingebaut. Deshalb muss bei Passivhäusern vor allem auf gute Wärmedämmung (7) [a] achten [b] geachtet (8) [a] wird [b] werden. So (9) [a] wird [b] werden die Fenster dreifach (10) [a] Gläser [b] verglast. Man muss sich das so vorstellen: Ein Passivhaus (11) [a] wird [b] wurde sozusagen thermisch (12) [a] verpackt [b] gepackt. Auf diese Weise (13) [a] wird [b] werden auch die Innentemperatur relativ konstant (14) [a] verhalten [b] gehalten. Das älteste Passivhaus der Welt (15) [a] wird [b] wurde übrigens 1888 in Leipzig (16) [a] baut [b] gebaut.

Modul 3 **14a Position oder Richtung/Ziel?**

1. Mit welchem Fragepronomen fragen Sie nach der:

   a) Position? _____   b) Richtung? _____

2. Was ist eine Wechselpräposition? _____

b Finden Sie 20 lokale Präpositionen in der Wortspirale rechts.
Ordnen Sie die Präpositionen in die Tabelle ein.

mit Akkusativ	mit Dativ	mit Genitiv	mit Akkusativ und Dativ

abanaufausbeibisdurchentlanggegengegenüberhinterininnerhalbnachnebenüberuntervonvorzwischen

c Am Berg, auf der Brücke und im Fluss. Welche Wechselpräpositionen aus 14b passen zu den Zeichnungen?

_____   _____   _____   _____   _____   _____

15a **Wildtiere in Gefahr. Was passt zusammen?**

1. ____ Jedes Jahr im Herbst laufen viele Wildtiere

2. ____ Denn viele Straßen führen

3. ____ Oft sterben die Tiere auch, weil sie

4. ____ Die Autofahrer sehen oft nicht, wenn ein Tier

5. ____ Deshalb sterben jedes Jahr hunderttausend
Wildtiere

6. ____ Denn oft suchen sie Futter auf der Seite

7. ____ Grünbrücken helfen dabei, dass die Tiere gefahrlos

a auf deutschen Straßen.

b über die Straßen, weil sie im Dunkeln die
Gefahr nicht erkennen können.

c durch die natürlichen Lebensräume der Tiere.

d gegen Zäune oder Mauern laufen.

e vor ihr Auto läuft.

f auf die andere Straßenseite gelangen.

g gegenüber.

b **Zugvögel in Gefahr. Welche Präposition passt: *auf, bis, durch, entlang, in, über*?**

Schauen Sie einfach mal (1) _____ den Himmel. Dort fliegen sie, die Zugvögel. Im Herbst machen sie sich

(2) _____ ihren Weg (3) _____ den Süden. Oft müssen sie (4) _____ viele Länder fliegen, bis sie (5) _____

ihrem Winterquartier ankommen. Und (6) _____ dieser langen Strecke gibt es viele Gefahren.

Viele junge Vögel ertrinken, wenn sie (7) _____ das Meer fliegen. Andere fliegen (8) _____ die Netze,

die in einigen Ländern (9) _____ der Küste installiert sind, um die Vögel zu fangen.

(*Zugvogel = Vogel, der im Winter migriert; Netz = ein Gerät zum Fangen von Tieren*)

16 **Alexander von Humboldt, der erste Öko-Aktivist? Welche Präposition passt? Kreuzen Sie an.**

1796 machte sich Alexander von Humboldt (1) [a] auf [b] in den Weg nach Spanien. (2) [a] An [b] In der
galicischen Stadt La Coruña ging er an Bord des Schiffes „Pizarro". (3) [a] Auf [b] Unter der Insel Teneriffa
machte die „Pizarro" einen Zwischenstopp. Dort kletterte Humboldt (4) [a] auf [b] über den Gipfel des
Teide-Berges. Die Fahrt (5) [a] in [b] über den Atlantik nach Amerika verlief ohne Probleme. Einen Monat
später ging er (6) [a] in [b] an der Küste Venezuelas an Land. Bei seiner Reise (7) [a] in [b] auf dem Orinoco-
Fluss entdeckte er eine Verbindung zum Amazonas. Während der Orinoco-Reise schlief er oft (8) [a] vor
[b] unter freiem Himmel. Danach setzte er seine Reise fort (9) [a] unter [b] über die Anden bis nach Quito,
Ecuador. Dort wollte er den höchsten Berg der Welt besteigen, aber (10) [a] an [b] auf einer Höhe von
5900 Metern kam er nicht weiter. Alexander von Humboldt war Naturforscher und ein Universaltalent!

17 **Der Rhein. Ein europäischer Fluss in Gefahr. Streichen Sie falsche Präpositionen und schreiben Sie
die richtigen darüber. Korrigieren Sie, wenn nötig, auch das Artikelwort.**

dul 3+4

(1) Der Rhein entspringt auf den Alpen, an der Schweiz. (2) Er fließt über fünf Länder: Österreich, die

Schweiz, Liechtenstein, Frankreich, Deutschland und über die Niederlande. (3) Er fließt auch in viele Städte,

aber Köln hat die meisten Brücken. (4) Hier führen acht Brücken entlang dem Rhein. (5) Inmitten des Rheins

gibt es viele Sehenswürdigkeiten, wie z.B. die Loreley, die Nixe über dem Fels unter Sankt Goarshausen.

1986 gab es eine Umweltkatastrophe und der Rhein wurde vergiftet. (6) Alles Leben am Rhein starb.

(7) Heute ist das Wasser über den Rhein wieder sauber. (8) Jenseits des Rheins findet man viele wunder-

schöne alte Bäume und um den Rhein gibt auch viele Feuchtbiotope. (9) Am Rhein leben heute 63 Fischarten.

Wortschatz-Hitparade

Nomen

das Atomkraftwerk, -e _____

der Bach, "-e _____

das Budget, -s _____

die Erderwärmung *Sg.* _____

die Fahrgemeinschaft, -en _____

der Fair-Trade-Laden, "- _____

der Feuchtbiotop, -e _____

der Frost *Sg.* _____

das Gebell *Sg.* _____

das Gebirge, – _____

das Gewitter, – _____

der Gipfel, – _____

die Grünbrücke, -n _____

die Hitze *Sg.* _____

der Hügel, – _____

der Induktionsherd, -e _____

die Innentemperatur, -en _____

die Jute *Sg.* _____

der Lebensraum, "-e _____

die Müllabfuhr *Sg.* _____

die Nixe, -n _____

das Passivhaus, "er _____

die Quelle, -n _____

die Sonnenenergie *Sg.* _____

der Spieltrieb *Sg.* _____

das Süßwasser *Sg.* _____

die Trockenheit *Sg.* _____

die Umweltkatastrophe, -n _____

das Waldsterben *Sg.* _____

die Wärmedämmung, -en _____

die Wärmeenergie, -n _____

der Wasserhahn, "-e _____

der Wasserverbrauch *Sg.* _____

die Wiese, -n _____

das Wildtier, -e _____

die Wüste, -n _____

Verben

ab/ausschalten _____

abdecken _____

ausreden _____

berücksichtigen _____

besteigen _____

einbauen _____

einhaken _____

entspringen _____

erkennen _____

ertrinken _____

fließen _____

fortsetzen _____

gliedern _____

herunterdrehen _____

sanieren _____

tropfen _____

unterbrechen _____

verbrauchen _____

vergiften _____

verglasen _____

verschmutzen _____

verschwenden _____

zudrehen _____

zuwenden _____

Adjektive

ausgeprägt _____

innovativ _____

schadstoffarm _____

thermisch _____

Andere Wörter

abschließend _____

möglichst _____

18 Finden Sie 10 Wörter in der Wortschlange, die sich mit dem Wort *Umwelt* verbinden lassen. Schreiben Sie Nomen mit Artikel.

BEWUSSTSEINFREUNDLICHGIFTKATASTROPHESCHÄDLICHSCHUTZPOLITIKPROBLEMVERSCHMUTZUNGWISSENSCHAFT

1. _____

2. _____

3. _____

4. _____

5. _____

6. _____

7. _____

8. _____

9. _____

10. _____

Wie heißt das Wort „Umwelt" in Ihrer Sprache? _____

19 Finden Sie Nomen in der Wortschatz-Hitparade, die mit Umweltschutz oder Umweltverschmutzung zu tun haben, und ordnen Sie zu.

Positiv für die Umwelt	Negativ für die Umwelt

20 Wichtige Ausdrücke und Sätze. Schreiben Sie in Ihrer Sprache.

Bei uns / In meinem Land … _____

Im Gegensatz zu … _____

Wussten Sie eigentlich, dass … _____

Finden Sie nicht auch, dass … _____

Ich finde es wirklich schlimm, wenn … _____

Da möchte ich kurz einhaken: … _____

Dürfte ich dazu auch etwas sagen? _____

Vielen Dank für Ihre Aufmerksamkeit. _____

21 Wörter und Sätze, die Sie wichtig finden:

Deutsch:

_____

_____

_____

Ihre Sprache:

_____

_____

_____

22 Mein Text. „Aktiver Umweltschützer werden". Sie möchten Mitglied in einer Umweltschutz-organisation werden. Wählen Sie eine Organisation aus, stellen Sie diese vor und begründen Sie Ihre Entscheidung.

Lösungen

Kapitel 1   Leute heute

1   *Familie/Familienstand:* alleinerziehend, aufwachsen, die Ehefrau, die Eltern, geschieden, getrennt, die Großeltern, kinderlos, die Tante, die Tochter, der Sohn, verheiratet, verwandt
Wohnen: der Appartementkomplex, bauen, das Dorf, der Garten, die Kleinstadt, die Mietwohnung, die Wohngemeinschaft

2   (sich) einen Traum: ausleben, erfüllen, haben, leben, träumen, verwirklichen

3   1. d, 2. f, 3. b, 4. i, 5. a, 6. j, 7. e, 8. c, 9. h, 10. g

4a   1. zufrieden, 2. offen, 3. unsicher, 4. geduldig, 5. freundlich, 6. gelassen/ruhig , 7. ordentlich, 8. lustig, 9. unehrlich, 10. intolerant

4b   1. arrogant, 2. bescheiden, 3. charmant, 4. ehrgeizig, 5. ehrlich, 6. egoistisch, 7. geduldig, 8. hilfsbereit, 9. offen, 10. zuverlässig

5   1. bester Freund, 2. ewige Freundschaft, 3. Echte Freunde, 4. Freundschaft 5. feste Freundin, 6. große Liebe, 7. gute Bekannte, 8. Freundschaft

6a   1. der Glückspilz, 2. die Glückszahl, 3. der Glücksmoment, 4. der Glückwunsch, 5. der Glücksforscher, 6. das Glückshormon, 7. das Glücksspiel, 8. das Anfängerglück

6b   6. a, 8. b, 5. c, 3. d, 2. e, 7. f, 1. g, 4. h

7   1. Ich möchte Ihnen Bertha von Suttner vorstellen. 2. Sie kommt/kam aus Österreich. 3. Sie wurde am 9. Juni 1843 geboren. 4. Sie stammte aus einer aristokratischen Familie. / Ihre Eltern waren Aristokraten. 5. Sie engagierte sich für Frieden und Pazifismus. 6. 1889 veröffentlichte sie ihren Roman „Die Waffen nieder!". / Sie veröffentlichte 1889 ihren Roman „Die Waffen nieder!". 7. 1892 gründete sie die Deutsche Friedensgesellschaft. 8. 1905 erhielt sie den Friedensnobelpreis.

8   1. b, 2. b, 3. b, 4. b, 5. a

10a   abgeschlossen / begonnen / bestanden / geflogen* / gekommen* / genutzt / gewonnen / geworden* / gewusst / entdeckt / erfüllt / erhalten / verdient / verbracht / verliehen

10b   *regelmäßig, ohne Präfix:* genutzt
regelmäßig, mit Präfix: entdeckt, erfüllt, verdient
unregelmäßig, ohne Präfix: geflogen, gekommen, geworden, gewusst
unregelmäßig, untrennbar: begonnen, bestanden, gewonnen, erhalten, verbracht, verliehen
unregelmäßig, trennbar: abgeschlossen

10c   2. beginnen/begann, 3. bestehen/bestand, 4. fliegen/flog, 5. kommen/kam, 6. nutzen/nützte, 7. gewinnen/gewann, 8. werden/wurde,

9. wissen/wusste, 10. entdecken/entdeckte, 11. erfüllen/erfüllte, 12. erhalten/erhielt, 13. verdienen/verdiente, 14. verbringen/verbrachte, 15. verleihen/verlieh

10d   1. gemacht, 2. bestanden, 3. gearbeitet, 4. verdient, 5. erfüllt, 6. geflogen, 7. gefahren, 8. braucht, 9. gelebt, 10. war, 11. verändert, 12. will

10e   1. a, 2. a, 3. b, 4. c, 5. b, 6. a, 7. c, 8. b, 9. c

10f   1. kam, 2. abgeschlossen hatte, 3. entschied, 4. war, 5. ging, 6. gearbeitet hatte, 7. traf, 8. wollte, 9. lebte, 10. gekümmert hatte, 11. erhielt, 12. hatte, 13. lebte, 14. gibt

11   1. dir, 2. uns, 3. euch, 4. euch, 5. ihnen – mir, 6. Ihrem, 7. ihm – mir, 8. mir, 9. sie, 10. mich

12a   *Ohne Ergänzung:* kämpfen, leben, sterben
Verb + Akkusativ: besiegen, besitzen, beweisen, fahren, heiraten, kennen, schützen, steuern, tragen
Verb + Dativ: gefallen, helfen
Verb + Akkusativ/Dativ: erzählen, geben, sagen

12b   1. Superhelden, 2. uns, 3. unglaubliche Geschichten, 4. Rennwagen, 5. Flugzeuge, 6. übernatürliche Kräfte, 7. Kostüme, 8. Menschen, 9. die Welt, 10. die Menschen, 11. bösen Mächten, 12. dem Gegner, 13. eine Chance, 14. den Gegner, 15. die schönste Frau, 16. uns, 17. vielen Menschen, 18. diese Geschichten, 19. mir, 20. die Wahrheit

13   1. bei der, 2. für (die), 3. für den, 4. gegen, 5. um, 6. vor, 7. gegen das, 8. auf (den)

Wortschatz-Hitparade

14   *für + A:* z.B. sich engagieren, sich einsetzen, sich entschuldigen, sich interessieren, kämpfen, sorgen
auf + A: z.B. sich freuen, sich konzentrieren, reagieren, sich spezialisieren, sich verlassen
um + A: z.B. bitten, sich kümmern, sich sorgen, sich streiten
von + D: z.B. abhängen, berichten, erzählen, sprechen, überzeugen

15   z. B.: unehrlich, ungebrochen, ungeduldig, unverschlossen, unzufrieden, unendlich

Kapitel 2   Wohnwelten

1a   1. Kinderzimmer, 2. Wohn-Esszimmer, 3. Wintergarten, 4. Gästezimmer, 5. Küche, 6. Schlafzimmer, 7. Gästebad, 8. Flur, 9. WC, 10. Bad

1b   *Bad:* z.B. die Dusche, das Waschbecken, die Toilette, die Badewanne; *Küche:* z.B. die Spüle, der Kühlschrank, der Herd, der Ofen, die Mikrowelle; *Wohnzimmer:* z.B. der Tisch, die Stühle, das Sofa, der Sessel, der Teppich; *Schlafzimmer:* z.B. das Bett, der Kleiderschrank, die Kommode, der Nachttisch, die Lampe

2 1. a, 2. b, 3. a, 4. b, 5. a, 6. b, 7. b, 8. b, 9. b, 10. a

3a 1. die Tiefgarage, 2. der Makler, 3. die Nebenkosten, 4. die Wohnungsanzeige, 5. die Kaution, 6. der Untermieter, 7. der Umzug, 8. die Einweihungsparty

3b 1. der Untermieter, 2. die Einweihungsparty, 3. die Wohnungsanzeige, 4. der Makler; 5, die Tiefgarage; 6. die Kaution; 7. der Umzug, 8. die Nebenkosten

4a ansehen / aufstehen / aufräumen / beginnen / bezahlen / einrichten / erzählen / gefallen / umbauen / verkaufen / verstehen / zerreißen

4b ansehen, aufräumen, bezahlen, einrichten, umbauen, verkaufen

5 1. – , 2. arbeitslos, 3. –, 4. chancenlos, 5. erfolglos, 6. –, 7. –, 8. hilflos, 9. hoffnungslos, 10. obdachlos, 11. perspektivlos, 12. zeitlos
Das Suffix *-los* bedeutet *ohne*, wie z. B. *arbeitslos = ohne Arbeit.*

6 1. Erzähl doch mal!; 2. Das ist ja toll!; 3. Die Lage ist ja optimal.; 4. Das hört sich super an!; 5. Das hast du goldrichtig gemacht!/Das ist goldrichtig!

7 1. b, 2. h, 3. a, 4. e, 5. g, 6. c, 7. f, 8. d

8a 1. a, 2. a, 3. a, 4. b, 5. b

8b 1. c, 2. a, 3. d, 4. b, 5. f, 6. e

9a ab / an / auf / aus / be / bei / ein / ent / er / ge / her / herein / mit / nach / ver / vor / weiter / zer / zu; *trennbar:* ab-, an-, auf-, aus-, bei-, ein-, her-, herein-, mit-, nach-, vor-, weiter-, zu-; *untrennbar:* be-, ent-, er-, ge-, ver-, zer-

9b 1. ansehen / aussehen; 2. abwaschen; 3. auspacken / einpacken; 4. ausräumen / einräumen; 5. hinsetzen; 6. entspannen; 7. erzählen; 8. aufmachen / ausmachen / mitmachen / weitermachen; 9. ankommen / herkommen / hereinkommen

9c 2. abgewaschen, 3. ausgepackt / eingepackt, 4. ausgeräumt / eingeräumt, 5. hingesetzt, 6. entspannt, 7. erzählt, 8. aufgemacht / ausgemacht / mitgemacht / weitergemacht, 9. angekommen / hergekommen / hereingekommen

9d 1. (ansehen) Sieh … an, (abwaschen) Wasch … ab, 2. (auspacken) Pack … aus / (einräumen) räum … ein, 3. (hinsetzen) Setz … hin, (entspannen) entspann, 4. (erzählen) Erzähl, 5. (aufmachen) Mach … auf, 6. (hereinkommen) Komm … herein

9e z. B. 1. Es ist jetzt nicht so wichtig, die Teller abzuwaschen. 2. Es ist jetzt nicht der richtige Moment, die Einkaufstasche auszupacken. 3. Findest du es nicht wichtiger, dich zu entspannen? 4. Ich habe gar keine Zeit, die Sachen einzuräumen. 5. Hast du keine Lust, die Tür aufzumachen?

10 1. c, 2. b, 3. c, 4. b, 5. c, 6. b, 7. c, 8. a, 9. b, 10. c, 11. c, 12. c, 13. c, 14. b

11a 1 Vogel; 2 Nichte, Tante, Kind; 3. Chef; 4. Spanier, Norweger; 5. Lehrer; 6. Liebe

12a 1. einen Leoparden, 2. einem Löwen, 3. einen Affen, 4. unseren Gästen, 5. Tieren, 6. unserem Piloten, 7. die Elefanten, 8. einen Biologen, 9. Vätern, 10. Müttern, 11. Kindern, 12. dem Sektor

12b 1. c, 2. b, 3. a, 4. b, 5. a, 6. c, 7. c, 8. a, 9. b, 10. c, 11. c, 12. a, 13. c, 14. b, 15. b

Wortschatz-Hitparade

13 1. das Dachgeschoss, 2. die Bevölkerung, 3. die Armut, 4. der Glaube, 5. der Rabe, 6. der Neffe

14 ängstigen, glauben, einrichten, hoffen, schmücken, überlegen, der Gedanke, die Entspannung, die Entscheidung, die Hilfe, der Umbau, der Umzug

Kapitel 3   Wie geht's denn so?

1a 1. Beinen, 2. Ohr, 3. Hand, 4. Herz, 5. Auge, 6. Nase, 7. Fuß

1b 5. a, 1. b, 7. c, 3. d, 6. e, 2. f, 4, g

2 1. f, 2. e, 3. b/d, 4. b/d, 5. a, 6. g, 7. c

3a *riechen:* ekelig, herb, köstlich, süßlich
schmecken: bitter, cremig, ekelig, herb, klebrig, köstlich, mild, sahnig, süßlich, zart
aussehen: eckig, ekelig, glatt, hart, köstlich, schwarz, schwer, weich, weiß
anfühlen: eckig, ekelig, glatt, hart, klebrig, schwer, weich

3b 1. säuerlich, 2. weich, 3. rund, 4. weiß, 5. mild, 6. ekelig, 7. zart, 8. schwer

4 1. b, 2. c, 3. a, 4. a, 5. a + c, 6. a + b, 7. c + c, 8. b + c

5 1. leistungsfähig, 2. vergesslich, 3. überfordert, 4. Leistungstief, 5. Höchstleistung

6 Ich finde es erstaunlich/interessant, / Es ist neu für mich, / Es überrascht mich, …
2. … dass Schokolade gut für die Haut ist.
3. … dass die größte Schokoladentafel der Welt 4410 kg schwer ist. 4. … dass schon die Maya und Azteken aus Schokolade und Chili ein köstliches, scharfes Getränk gemacht haben.

Lösungen

5. … dass die Japaner im Vergleich zu den Schweizern sehr wenig Schokolade essen.

7 1. b, 2. d, 3. a, 4. c

8a *Folgende Redemittel können verwendet werden:* An deiner Stelle würde ich … / Mir hat … sehr geholfen. / Ich würde dir raten, …

8b *Folgende Redemittel können verwendet werden:* Ich habe ähnliche Erfahrungen gemacht, als … / Mir ging es ganz ähnlich, denn … / Bei mir war das damals so: …

8c *Folgende Redemittel können verwendet werden:* Ich kann gut verstehen, dass … / Es ist ganz natürlich, dass … / Es ist verständlich, dass …

9a

T		M	M	G	E	T	R	Ä	N	K	E			G
A		I	U	L	E									E
F		X	F	Ä		L	Ö	F	F	E	L			R
E	K	E	F	S	L									I
L	O	R	I	E	E									C
N	N		N	R	R									H
	D		S		K	A	L	O	R	I	E	N		T
E	I	S	W	Ü	R	F	E	L						E
	T							C	A	F	É	S		
	O													
	R							Z	U	T	A	T	E	N
	E			H	I	M	B	E	E	R	E	N		
	N		P	F	A	N	N	E	N					

9b 2. der Eiswürfel, 3. das Gericht, 4. das Getränk, 5. das Glas, 6. die Himbeere, 7. die Kalorie, 8. der Konditor, 9. der Löffel, 10. der Mixer, 11. der Muffin, 12. die Pfanne, 13. die Tafel, 14. der Teller 15. die Zutat

9c *Typ 1:* Eiswürfel, Löffel, Mixer, Teller
Typ 2: Himbeere(n), Kalorie(n), Konditor(en), Pfanne(n), Tafel(n), Zutat(en)
Typ 3: Gericht(e), Getränk(e)
Typ 4: Glas (Gläser)
Typ 5: Café(s), Muffin(s)

10a 1. Bananen, 2. Eier, 3. Esslöffel, 4. Himbeeren, 5. Kartoffeln, 6. Kugeln, 7. Mandeln, 8. Muffins, 9. Schalen, 10. Zitronen, 11. Kalorien, 12. Tafeln

10b 1. Kugeln, 2. Bananen, 3. Kalorien, 4. Esslöffel, Mandeln, 5. Eier, 6. Zitronen, 7. Kartoffeln, 8. Muffins, 9. Himbeeren, 10. Schalen, 11. Tafeln

11 1. grüner, 2. grüne, 3. grüne, 4. grüne, 5. grüne, 6. grüner, 7. grüner, 8. grünes

12a 1. b, 2. b, 3. a, 4. c, 5. a, 6. c, 7. a, 8. b

12b 1. dynamische, 2. alltäglichen, 3. harmonischen, 4. ruhigen, 5. ältere, 6. positiven, 7. mentalen, 8. körperlichen, 9. bewusste, 10. gesungenen

12c 1. ansteckend, 2. hektisch, 3. echt, 4. geistig, 5. gesund, 6. indisch, 7. körperlich, 8. stressig, 9. gespielt/spielerisch

12d 1. gesund, 2. hektischen, 3. stressigen, 4. indische, 5. gespieltem/spielerischem, 6. ansteckendes, 7. echtes, 8. geistige, 9. körperliche

13 1. große Gläser, 2. langen Spaziergang, 3. hohen Blutdruck, 4. verschiedene Sorten, 5. regelmäßigen Sport, 6. ballastreiche Zutaten, 7. gesunder Schlaf, 8. frische Luft, 9. gesundheitsschädlichen Stress, 10. klare Trennung

Wortschatz-Hitparade

14 1. leistungsfähig, Leistungstief, Leistungshoch; 2. Backofen, Backpulver, Backpapier; 3. Schokoladeneis, Schokoladenmuffins, Schokoladentafel; 4. Bioprodukt, Biorhythmus, Bioware

15 1. entspannt, 2. leistungsfähig, 3. erholsam, 4. ansteckend, 5. kostenlos, 6. gelassen

Kapitel 4 — Viel Spaß!

1 *Berge:* Klettern, Mountainbiken, Skifahren, Snowboarden, Snowkiten, Trekking, Wandern
Wasser: Angeln, Rudern, Schwimmen, Schnorcheln, Segeln, Surfen, Tauchen, Windsurfen

2 1. h, 2. l, 3. k, 4. f, 5. i, 6. c, 7. a, 8. g, 9. j, 10. d, 11. e, 12. b

3 1. Backgammon, 2. Dame, 3. Gänsespiel, 4. Go, 5. Halma, 6. Monopoly, 7. Mühle, 8. Risiko, 9. Schach, 10. Scrabble

B	A	C	K	G	A	M	M	O	N		R
				Ä		Ü	O				I
				N		H	N		S		S
G				S		L	O		C		I
O		S		E		E	P		R		K
		C		S			O		A		O
D		H		P			L		B		
A		A		I			Y		B		
M		C		E			L		L		
E		H	A	L	M	A			E		

4 1. neu, 2. teuer, 3. ungefährlich, 4. schlecht, 5. selten, 6. niedrig, 7. alt, 8. kurz, 9. spannend, 10. wenig

5a z.B.: das Abenteuerspiel, das Bewegungsspiel, das Brettspiel, das Computerspiel, das Fantasyspiel, das Gänsespiel, das Gesellschaftsspiel, das Erwachsenenspiel, das Kartenspiel, das Kinderspiel, das Spielbrett, der Spieler, das Spielfeld, die Spielfigur, der Spieleklassiker, die Spielkultur, der Spielemarkt, der Spieltrieb

5b 1. e, 2. f/h, 3. c, 4. a/g, 5. b, 6. d, 7. h

6 1. die Angst, 2. die Exotik, 3. die Einsamkeit, 4. das Glück, 5. die Fantasie, 6. der Geschmack, 7. die Hitze, 8. die Langeweile, 9. der Mut, 10. die Spannung, 11. die Überraschung, 12. die Unterhaltung

7 z.B.: der Spielfilm, der Dokumentarfilm, die Serie, die Komödie, der Stummfilm, der Kriminalfilm, der Fantasyfilm, Zeichentrickfilm

8 z.B.: 1. Wenn ich weniger arbeiten würde, könnte ich mehr Sport treiben. 2. Ich könnte mich besser entspannen, wenn ich nicht so viel Druck in der Arbeit hätte. 3. In meiner Freizeit würde ich gern mehr lesen. 4. Am schönsten ist es, faul auf dem Sofa zu liegen. 5. Ein tolleres Hobby als Trekking kann ich mir kaum vorstellen.

9 1. d, 2. h, 3. g, 4. c, 5. f, 6. b, 7. a, 8. e

10a 1. Das Moviemento wurde 1905 gebaut und war ein Geschäftshaus. 2. 1907 wurde hier das „Topps Kino" eröffnet. 3. Es liegt/ist am Kottbusser Damm 22. 4. In den 1980er-Jahren hieß es Tali-Kino. 5. Es ist bekannt für die legendären Rocky-Horror-Picture-Show-Aufführungen. 6. Viele Leute schätzen es wegen der Erstaufführungen und der Originalversionen. 7. Besonderer Publikumsmagnet sind die Langen Filmnächte. 8. Es ist auch bekannt für Schulkinowochen und Filme für Kinder. 9. Hier werden oft Podiumsdiskussionen veranstaltet und Regisseure eingeladen. 10. Die Eintrittspreise liegen zwischen 5 und 7.50 Euro.

10b 1. handelt, 2. Schauplatz, 3. (Die) Hauptdarsteller, 4. Regisseur, 5. hervorragend/überzeugend/legendär

11a 2. teuer – teurer – am teuersten, 3. ungefährlich – ungefährlicher – am ungefährlichsten, 4. schlecht – schlechter – am schlechtesten, 5. selten – seltener – am seltensten, 6. niedrig – niedriger – am niedrigsten, 7. alt – älter – am ältesten, 8. kurz – kürzer – am kürzesten, 9. spannend – spannender – am spannendsten, 10. wenig – weniger – am wenigsten

12a 1. mehr, 2. häufiger, 3. besser, 4. billiger, 5. langweiliger, 6. öfter, 7. lieber, 8. schneller, 9. lustiger, 10. anstrengender, 11. jünger, 12. älteren

12b 1. a, 2. a, 3. b, 4. a, 5. a, 6. b, 7. a, 8. a, 9. b, 10. a, 11. b, 12. b, 13. b, 14. b

13a *Verb in Position 2:* denn
Verb direkt hinter dem Konnektor: darum, daher, deswegen, trotzdem
Verb am Ende: obwohl, sodass

13b 1. c, 2. d, 3. f, 4. b, 5, a, 6. e

13c 1. Mein Mann und ich haben seit Jahren keinen Urlaub mehr gemacht. Deshalb wollen wir dieses Jahr etwas ganz Besonderes machen. 2. Mein Mann und ich treiben gerne Sport. Deshalb denken wir an einen Surf- oder Tauchurlaub. 3. Das kann sehr teuer werden. Deshalb wissen wir nicht, ob wir uns das leisten können. 4. Südamerika hat uns immer schon fasziniert. Deshalb wollten wir gerne nach Costa Rica. 5. Wir sprechen kein Spanisch. Deshalb wird es da mit der Sprache vielleicht schwierig. 6. In Belize ist die Landessprache Englisch. Deshalb sollten wir vielleicht lieber nach Belize fliegen.

13d 1. Wir freuen uns riesig, weil wir nächste Woche nach Belize fliegen. 2. Wir fliegen im Juli, obwohl in dieser Zeit in Belize Regenzeit ist. 3. Nach Belize gibt es keine Direktflüge, deshalb müssen wir in Miami zwischenlanden. 4. Wir leisten uns den Urlaub, obwohl er teuer ist. 5. Wir sind nicht gerne in der Stadt, trotzdem bleiben wir ein paar Tage in Belize-City. 6. Das Barrier Riff ist sehr berühmt, denn es ist das zweitgrößte Riffsystem der Welt. 7. Es gibt viele Koralleninseln, deshalb hat man immer gute Tauchmöglichkeiten. 8. Wir wohnen auf dem Tauchkreuzfahrtschiff, sodass wir möglichst viel tauchen können.

13e 1. a, 2. b, 3. b, 4. b, 5. b, 6. a, 7. b, 8. b, 9. a, 10. a, 11. b, 12. b

11b

am meisten	besser	gern	am liebsten	am besten	gut	viel	mehr	lieber
am besten	viel	gut	gern	lieber	mehr	am liebsten	am meisten	besser
am liebsten	lieber	mehr	viel	besser	am meisten	am besten	gut	gern
gern	am liebsten	am besten	lieber	gut	viel	mehr	besser	am meisten
viel	gut	am meisten	am besten	mehr	besser	gern	lieber	am liebsten
lieber	mehr	besser	am meisten	am liebsten	gern	gut	viel	am besten
besser	gern	viel	gut	am meisten	am liebsten	lieber	am besten	mehr
gut	am meisten	lieber	mehr	gern	am besten	besser	am liebsten	viel
mehr	am besten	am liebsten	besser	viel	lieber	am meisten	gern	gut

Lösungen

Wortschatz-Hitparade

14 die Sportart, die Sporthalle, die Tauchmöglichkeit, der Wassersport, joggen, segeln, tauchen, wandern, anstrengend

15 1. ablegen, 2. anstrengend, 3. (sich) entspannen, 4. (sich) freuen, 5. geschmackvoll, 6. genießen, 7. sammeln, 8. saunen, 9. unterhaltsam, 10. würfeln

Kapitel 5   Alles will gelernt sein

1 z. B.: Abendschule, Ballettschule, Berufsschule, Computerschule, Fahrschule, Hundeschule, Schauspielschule, Sprachschule, Skischule, Tanzschule, Volkshochschule

2 1. etwas beibringen, 2. vergessen, 3. aufschreiben, 4. die Grammatik erklären

3 1. das Abitur, 2. die Deutschlehrerin, 3. der Klassenraum, 4. das Lehrbuch, 5 die Note, 6. die Prüfung, 7. die Sporthalle, 8. der Stundenplan, 9. das Unterrichtsfach, 10. das Zeugnis

4 1. die Arbeit, 2. das Essen, 3. das Bunte, 4. das Schöne, 5. das Spiel, 6. das Erledigte, 7. der Praktiker, 8. der Perfektionist

5 1. b, 2. e, 3. d, 4. a, 5. c

6 1. Tastatur, 2. Kabel, 3, Kamera, 4. Stick, 5. Internet, 6. Maus, 7. Festplatte, 8. Mikrofon, 9. Rechner

7 1. ruhig und entspannt sein, sich nicht aufregen, 2. langsam, ohne Eile, 3. sich anstrengen, 4. sich lächerlich machen, 5. sich von etwas inspirieren lassen, 6. jemanden nicht unterstützen, jemandem nicht helfen

8 z. B.: Kurzzeitgedächtnis, Langzeitgedächtnis, Namensgedächtnis, Personengedächtnis, Zahlengedächtnis, Gedächtnishilfe, Gedächtniskraft, Gedächtnislücke, Gedächtnisübung

9a 1. c, 2. d, 3. f, 4. b, 5. a, 6. e

10a +: 3, 4, 5, 6. –: 1, 2, 7, 8, 9, 10

11 z.B.: 1. Ich kann dir nur raten, dir einen Lehrplan zu machen. 2. Am besten wäre es, du hältst dich an den Plan. 3. Versuch doch mal, Handy und Fernseher auszuschalten. 4. Wenn ich du wäre, würde ich öfter mal mein Zimmer lüften.

13a anfangen / aufhören / beabsichtigen / beginnen / beschließen / bleiben / gehen / hören / können / müssen / raten / sich freuen / vergessen / versuchen / werden
Infinitiv mit zu: anfangen, aufhören, beabsichtigen, beginnen, beschließen, raten, sich freuen, vergessen, versuchen
Infinitiv ohne zu: bleiben, gehen, hören, können, müssen, werden

13b 1. zu, 2. zu, 3. –, 4. zu, 5. zu, 6. –, 7. –, 8. –, 9. –, 10. zu, 11. –, 12. zu

14a 1. b, d; 2. d; 3. c, e; 4. c; 5. c, e; 6. d

14c 1. Sie möchten wissen, wie man einen Computer bedient? 2. Sie trauen sich nicht, einen Rechner einzuschalten? 3. Sie brauchen keine Angst zu haben! 4. Sie sollen nicht lernen zu programmieren. 5. Aber vielleicht haben Sie Lust, Informationen zu suchen und neue Leute kennenzulernen? 6. Sie können bei uns lernen, sich einzuloggen, zu chatten und zu surfen. 7. Möglicherweise haben Sie die Absicht, irgendwann einen Online-Kurs zu machen? 8. Bei uns haben Sie die Möglichkeit, das alles zu lernen.

15a 1. d, 2. g, 3, b, 4. e, 5. f, 6. c, 7. a

15b 2. konnte – hat gekonnt, 3. musste – hat gemusst, 4. sollte – hat gesollt, 6. wollte – hat gewollt

16a 1. a, 2. a, 3. b, 4. b, 5. b, 6. a, 7. b, 8. a, 9. a, 10. b

16b 1. Es ist nicht erlaubt, Süßigkeiten zu essen. 2. Man ist gezwungen, ständig strenge Diät zu halten. 3. Es ist nicht gestattet, während der Modenschauen fünf Minuten Pause zu machen. 4. Manchmal war ich nicht imstande einzuschlafen. 5. Wenn man minderjährig ist, ist man verpflichtet, eine Erlaubnis der Eltern zu haben. 6. Aber man hat kaum noch die Möglichkeit, Eltern und Freunde zu treffen. 7. Irgendwann bist du nicht mehr in der Lage, für dich selbst zu denken. 8. Manchmal habe ich keine Lust mehr, Model zu sein.

Wortschatz-Hitparade

17 1. Absicht, 2. Erlaubnis, 3. Fähigkeit, 4. Forderung, 5. Gedächtnis, 6. Hetze, 7. Laufsteg, 8. Vorteil

18 ablehnen, aufhören, beabsichtigen, befürworten, beibringen, beschließen, gestatten, sich merken, sich mühen, verpflichten, zwingen

Kapitel 6   Berufsbilder

1 *Hotel:* der/die Rezeptionist/in; das Zimmermädchen; der Koch, die Köchin, die Küchenhilfe
Transport: der/die Busfahrer/in; der/die Taxifahrer/in; die/die Fahrradkurier/in
Krankenhaus: der Arzt, die Ärztin; die Krankenschwester, der Krankenpfleger; der/die Chirurg/in

2 1. c, 2. e, 3 g, 4. d, 5. b, 6. h 7. f, 8. a

3 1. Kosmetikerin, 2. Koch, 3. Ärztin, 4. Frisör, 5. Mechatroniker, 6. Kellner, 7. Möbelpacker, 8. Gärtner, 9. Stadtführerin, 10. Masseur, 11. Logopädin, 12. Optikerin, 13. Programmierer, 14. Erntehelfer

Lösungswort: Sozialpädagoge; Sozialpädagogen arbeiten in der Prävention und Lösung von sozialen Problemen, oft in sozialen Einrichtungen.

4 1. d, 2. a, 3. e, 4. c, 5. f, 6. g, 7. h, 8. b

5 1. verhindert sein, 2. kompliziert, 3. Baguette, 4. Picknick, 5. Gardinen, 6. schief, 7. Mucks, 8. Pleite

6 1. daran, erste; 2. abhängt, Bewerbungsunterlagen; 3. zusammengestellt, vollständig; 4. Anschreiben, lückenlos; 5. letzte, Arbeitszeugnisse; 6. Arbeitgeber, enthalten; 7. Sorgen, Unterlagen; 8. Eselsohren, Fettflecken; 9. verkaufen, selbstverständlich; 10. Freizeit, mitarbeitet; 11. Theater, eingehen; 12. zeigen, Kompetenzen; 13. verfügt, übertreiben; 14 Vor, bleiben

7 z.B. aktualisieren, amüsieren, diskutieren, fotografieren, informieren, kassieren, orientieren, telefonieren, verlieren

9 1. Informieren Sie sich im Vorfeld über das Unternehmen. 2. Erkundigen Sie sich bei der Firma. 3. Zeigen Sie, woran Sie besonderes Interesse haben. 4. Zeigen Sie, mit welchen Tätigkeiten Sie vertraut sind. 5. Achten Sie nicht nur auf Fachwissen. 6. Treten Sie natürlich und gepflegt auf.

10 1. Es könnte sein, dass …; 2. Ich nehme an, dass …; 3. Ich vermute, dass …; 4. Vielleicht …; 5. Wahrscheinlich …; 6. Ich kann mir vorstellen …; 7. Es ist denkbar …; 8. Vermutlich …

11 1. Grinsen; 2. Großes Grinsen; 3. Ganz freches Grinsen; 4. Keine Ahnung; 5. Komme gleich wieder; 6. Wieder da; 7. Bis bald; 8. Gute Nacht

12a z. B.: Er wird sein Hobby zum Beruf machen und er wird sich selbstständig machen. Er wird sein eigener Chef sein und immer am Meer leben. Er wird tolle Arbeitszeiten haben und nette Leute kennenlernen. Er wird vermutlich genug Geld zum Leben verdienen.

12b z. B.: Ich vermute, er wird wohl nach Griechenland ziehen. Ich nehme an, er wird als Tauchlehrer arbeiten. Ich vermute, er wird eine Surfschule aufmachen.

13a 1. Sie werden sofort die Einladungen verschicken! 2. Sie werden jetzt sofort die Blumenbestecke bestellen! 3. Sie werden umgehend das Menü mit dem Koch besprechen! 4. Sie werden das Hochzeitskleid abholen! 5. Sie werden die Tischkarten ausdrucken! 6. Sie werden mit dem Bäcker sprechen!

14a *Verben:* 1. antworten, 2. bewerben, 3. bitten, 4. denken, 5. erinnern, 6. fragen, 7. freuen, 8. interessieren, 9. senden, 10. sprechen

Präpositionen: 1. an, 2. auf, 3. bei, 4. für, 5. mit, 6. nach, 7. über, 8. um

E	R	I	N	N	E	R	N	A	F	R	E	U	E	N	A
		N	D	E	N	K	E	N			M		N		U
B	I	T	T	E	N										F
	S	E	N	D	E	N		Ü	B	E	R	A		F
		R						E			N		R
	B	E	W	E	R	B	E	N		I		T	A
		S									W		G
		S									O		E
		I									R		N
		E									T		N
S	P	R	E	C	H	E	N				E	A
		E					M	I	T		N	C
		N	F	Ü	R							H

14b 1. sich bewerben, 2. sich erinnern, 3. sich freuen, 4. sich interessieren

14c *an:* denken, sich erinnern, senden; *auf:* antworten, sich bewerben, sich freuen; *bei:* sich bewerben; *für:* sich bewerben, sich freuen, sich interessieren; *mit:* sprechen; *nach:* fragen; *über:* denken, sich freuen, sprechen; *um:* sich bewerben

14d 1. Woran denkst du?, 2. Bei wem hast du dich informiert?, 3. Worum hast du gebeten?, 4. Worüber habt ihr euch unterhalten?, 5. Wofür interessierst du dich?

15 1. b, 2. c, 3. a, 4. b, 5. a, 6. c, 7. c, 8. c, 9. a, 10. c, 11. a, 12 b, 13. a, 14. b, 15. b, 16. b, 17. c, 18. a

16 *A:* 1. für, 2. mit, 3. bei, 4. nach; *B:* 1. auf, 2. daran, 3. bei, 4. über; *C:* 1. auf, 2. mit, 3. bei, 4. an; *D:* 1. mit, 2. auf, 3. für, 4. auf

Wortschatz-Hitparade

17 annehmen, ausgehen, bearbeiten, Berufseinstieg, Berufserfahrung, betreuen, sich bewerben um, Dienstleistung, Dolmetscher, einstellen, Fachwissen, freiberuflich, Kapitän, Karriere, kompetent, Kosmetikerin, Logopäde, mobben, Möbelpacker, Pleite, selbstständig, Stärke, Unternehmen

18 1. unbegabt, 2. unfähig, 3. angestellt, 4. ungeeignet, 5. inkompetent, 6. vollständig, 7. gerade, 8. sinnlos

Kapitel 7   Für immer und ewig

1 1. Enkelin, 2. Vater, 3. Schwägerin, 4. Schwiegermutter, 5. Frau/Ehefrau, 6. Cousin, 7. Tante, 8. Cousine, 9. Bruder, 10. Schwiegervater

2 1. Lebensform, 2. Senioren-WG, 3. Ehekrach,

4. Scheidung, 5. Geburt, 6. Ehepaar, 7. Partner, 8. Verwandtschaft, 9. Trennung; Lösungswort: Brautpaar.

3 1. c, 2. f, 3. g, 4. h, 5. a, 6. d, 7. e, 8. b

5 1. der Beitrag, 2. das Dating-Portal, 3. gebührenpflichtig, 4. die Kontaktbörse, 5. kostenpflichtig, 6. der Lebensgefährte, 7. die Online-Plattform, 8. die Online-Partnervermittlung, 9. das Partnerglück, 10. die Partnersuche

7 z. B.: die Jugendliebe, der Liebesbrief, die Liebeserklärung, der Liebhaber, der Liebeskummer, der Liebling, beliebt, liebeskrank, liebevoll, lieblich, lieblos, ordnungsliebend, unbeliebt, verliebt
z. B.: Großfamilie, Kleinfamilie, Patchworkfamilie; Familienangehörige, Familienfeier, Familienfest, Familienmitglied, Familienstand

8a 1. Zunächst, 2. weiterer; 3. Weiterhin; 4. Nicht zu; 5. darüber hinaus; 6. Schließlich, erinnern

8b z. B.: Zunächst einmal denke ich, dass es schwierig ist, das richtige Portal zu finden. Ein weiterer Nachteil ist, dass viele Portale kostenpflichtig und teuer sind. Weiterhin ist für mich wichtig, dass sich die Menschen immer schon im realen Leben kennengelernt und verliebt haben. Nicht zu vergessen ist, dass die meisten Menschen lügen und falsche Profile erstellen. Ich glaube darüber hinaus, dass die Partnersuche im Internet nicht sehr kommunikativ und spontan ist. Schließlich möchte ich noch daran erinnern, dass die Partnersuche im Internet gefährlich sein kann.

9 1. c, 2. f, 3. a, 4. e, 5. b, 6. d

11a ändern, beeilen, entschuldigen, freuen, gewöhnen, interessieren, kennen, sehnen, trennen, unterhalten, verlieben, vorstellen, wundern, wünschen

	W	Ü	N	S	C	H	E	N		T	W
	B	E	E	I	L	E	N			R	U
	E	N	T	S	C	H	U	L	D	I	G	E	N
		V	O	R	S	T	E	L	L	E	N	D
			F	R	E	U	E	N		W	N	E
U	N	T	E	R	H	A	L	T	E	N	Ö	E	R
	K	E	N	N	E	N				H	N	N
V	E	R	L	I	E	B	E	N		N	
I	N	T	E	R	E	S	S	I	E	R	E	N
Ä	N	D	E	R	N	S	E	H	N	E	N

11b 1. sich beeilen, 2. sich entschuldigen, 3. sich freuen, 4. sich interessieren, 5. sich verlieben, 6. sich etwas vorstellen,

7. sich wundern, 8. sich sehnen
Reflexivpronomen im Dativ: sich etwas vorstellen, sich etwas wünschen

11c 1. uns, 2. uns, 3. mir, 4. mich, 5. mich, 6. uns, 7. uns, 8. sich, 9. mich, 10. uns, 11. sich, 12. uns, 13. sich, 14. sich, 15. sich, 16. sich, 17. mir, 18. sich

11d 1. a uns, 2. b mich, 3. a mich, 4. a mich, 5. –, 6. b sich, 7. a sich, 8. a sich, 9. b sich, 10. a uns, 11. –, 12. a sich, 13. –, 14. a uns, 15. b uns, 16. a uns, 17. a uns, 18. –, 19. a uns, 20. a sich, 21. b sich, 22. a mir, 23. a mich, 24. –

12

	m	f	n	P
N	der	die	das	die
A	den	die	das	die
D	dem	der	dem	denen
G	dessen	deren	dessen	deren

Relativsätze sind Nebensätze, die ein Nomen im Hauptsatz näher erklären.

13a 1. c, 2. d, 3 b, 4. a; 1. Neil Armstrong, 2. Salzburg, 3. Kamera, 4. Hefeteig, Tomatensoße und Käse

13b 1 … ist ein Ort, an dem Bäume gezüchtet werden. 2. … ist eine Merkhilfe, damit etwas gut im Gedächtnis bleibt. 3. … ist ein Dessert, das aus Gelatine und Fruchtsaft gemacht wird. 4. … ist ein Mann, der mutig und mit Elan sein Ziel verfolgt. 5. … ist eine Hülsenfrucht, die wie Erbsen als Gemüse gegessen wird. 6. … ist eine Tasche, in der man Hygieneartikel aufbewahrt. 7. … ist ein Rührkuchen, bei dem Kakaopulver unter den Teig gemischt wird. 8. … ist ein Hochhaus, das mehr als 100 Meter hoch ist.

15 1. in den, 2. mich, 3. die, 4. für den, 5. mich, 6. der, 7. uns, 8. an dem, 9. uns, 10. die, 11. uns, 12. in der, 13. in denen, 14. uns, 15. über die, 16. mich, 17. das, 18. uns, 19. in der, 20. an das, 21. mich, 22. uns

Wortschatz-Hitparade

16 der Partner / die Partnerin, das Partnerglück, die Partnerschaft, die Partnersuche, die Partnerwahl, der Ehepartner, partnerschaftlich

17

Nomen	Verb	Adverb/Partizip
die Taufe	taufen	getauft
die Trennung	sich trennen	getrennt
die Verlobung	sich verloben	verlobt
die Sehnsucht	sich sehnen	ersehnt
der Streit	(sich) streiten	zerstritten
die Scheidung	sich scheiden lassen	geschieden
die Veränderung	(sich) verändern	verändert
die Entschuldigung	sich entschuldigen	entschuldigt

Kapitel 8   Kaufen, kaufen, kaufen

1a *der Baumarkt:* Baustoffe, Bohrmaschinen, Elektrowerkzeug, Gartengeräte, Gartenmöbel, Handwerkszeug, Malerbedarf, Sanitärtechnik, Tierbedarf
das Gartencenter: Bäume, Blumen, Blumenerde, Blumentöpfe, Blumenkübel, Gartengeräte, Gartenmöbel, Insektenschutz, Pflanzen, Pflanzenschutz, Tierbedarf
die Bäckerei: Brot, Brötchen, Gebäck, Kuchen, Pralinen, Torten

1b 1. der Kiosk, 2. der Juwelier, 3. die Buchhandlung, 4. das Möbelhaus/das Möbelgeschäft, 5. der Getränkemarkt, 6. die Drogerie

2 1. eingeben, 2. angeben, 3. Preisausschreiben, 4. gefallen, 5. bestehen, 6. Brot, 7. Umkleidekabine, 8. Schaufenster, 9. Kühlregal

3 1. der (Tastatur)Staubsauger, 2. das Taschentuch, 3. der Geschirrspüler, 4. der Tropfenfänger, 5. die Fernbedienung / das Fernglas, 6. die Waschmaschine, 7. der Klappschirm, 8. der Rollenkoffer

4a 1. h, 2. a; 3. d, 4. b, 5. c, 6. g, 7. e, 8. f

4b 1. der Geldautomat, 2. die Geldsorgen, 3. der Händler, 4. das Kaufhaus, 5. die Kaufkraft, 6. der Kaufrausch, 7. das Konsumverhalten, 8. der Konsumverzicht, 9. die Kreditkarte, 10. der Ratenkauf, 11. der Umtausch, 12. die Werbung

K	O	N	S	U	M	V	E	R	H	A	L	T	E	N	
R															
A						K	A	U	F	R	A	U	S	C	H
T			G		K	A	U	F	H	A	U	S			Ä
E			E			U					M				N
N			L			F					T				D
K	R	E	D	I	T	K	A	R	T	E	A				L
A			S	W	E	R	B	U	N	G	U				E
U			O			A					S				R
F			R			F					C				
			G			T					H				
		G	E	L	D	A	U	T	O	M	A	T			
	K	O	N	S	U	M	V	E	R	Z	I	C	H	T	

5 Werbeagentur, Werbeanzeige, Werbefläche, Werbegeschenk, Werbekampagne, Werbemittel, Werbepsychologe, Werbeslogan, Werbespot, Werbestrategie

6 1. b Was ist dir zu diesem Thema aufgefallen? 2. b Warum denkst du, dass … 3. c Zu deiner Frage kann ich sagen, dass … 4. a Deine Präsentation hat mir (sehr) gut gefallen. 5. b Warum glaubst du, dass … 6. a Das war interessant, weil … 7. a Das war neu für mich. 8. c Ich kann dazu nur sagen, dass … 9. c Da hast du Recht. 10. c Deine Rückmeldung ist interessant, weil …

7 *der Teebeutel:* Er besteht aus speziellem Filterpapier, das mit Tee gefüllt ist. Ein Teebeutel ist ungefähr so groß wie eine Streichholzschachtel. Man benutzt ihn, um Tee zu machen. Dazu hängt man den Teebeutel in eine Tasse und schüttet kochendes Wasser darüber.
die Mundharmonika: Sie besteht aus Plastik oder Metall und sie ist ungefähr so lang wie ein Kamm. Man benutzt sie, um damit Musik zu machen.

8a 1. Du kannst sie super gebrauchen; 2. Das ist eine gute Gelegenheit; 3. Sie ist total praktisch; 4. ganz wenig gebraucht; 5. ein faires Angebot

9 1. b, 2. b, 3. a, 4. a, 5. a, 6. b, 7. a, 8. a, 9. b

10a 1. e, 2. d, 3. f, 4. c, 5. a, 6. b

10b z. B.: 1. um eine Schraube in einer Wand zu befestigen, 2. um Licht zu haben, 3. um Kaffee zu kochen, 4. um Musik zu machen, 5. um Getränke warmzuhalten, 6. um Wäsche aufzuhängen, 7. um mir die Zähne zu putzen.

10c z. B.: 1. Zum Blumengießen benutze ich eine Gießkanne. 2. Zum Brilleputzen benutze ich ein Brillenputztuch. 3. Zum Bügeln benutze ich ein Bügeleisen. 4. Zum Haaretrocknen benutze ich einen Föhn. 5. Zum Kaffeekochen benutze ich eine Kaffeemaschine. 6. Zum Rechnen benutze ich einen Taschenrechner. 7. Zum Schreiben benutze ich einen Computer. 8. Zum Wäschetrocknen benutze ich eine Wäscheleine.

11 1. um die Finanzkrise zu bremsen, 2. damit Geld in die Wirtschaft fließt, 3. damit die Unternehmen Arbeitsplätze schaffen, 4. damit die Firmen mehr investieren, 5. um glücklich zu sein, 6. um Ressourcen zu sparen, 7. um Umwelt und Klima zu schützen, 8. damit die Arbeitszeiten verkürzt werden können, 9. damit die Menschen sich auf Wichtigeres konzentrieren, 10. um den Wert der Dinge wieder schätzen zu lernen

12

	dürfen	haben	können	sein	werden
ich	dürfte	hätte	könnte	wäre	würde
du	dürftest	hättest	könntest	wärst	würdest
er/sie/es	dürfte	hätte	könnte	wäre	würde
wir	dürften	hätten	könnten	wären	würden
ihr	dürftet	hättet	könntet	wärt	würdet
sie/Sie	dürften	hätten	könnten	wären	würden

Bildung des Konjuktiv II: Mit *würde* + Infinitiv.

13

hätte	würde	könnte	dürfte	wäre	sollte
dürfte	wäre	sollte	würde	hätte	könnte
sollte	könnte	wäre	hätte	dürfte	würde
würde	hätte	dürfte	könnte	sollte	wäre
wäre	dürfte	würde	sollte	könnte	hätte
könnte	sollte	hätte	wäre	würde	dürfte

Lösungen

14a 1. Könnte/Dürfte ich bitte den Abteilungsleiter sprechen? 2. Dürfte ich Sie bitten, einen Moment zu warten? 3. Könnten Sie sich bitte beeilen? 4. Dürfte ich Sie um einen Moment Geduld bitten? 5. Könnten Sie mir bitte helfen? 6. Könnten Sie bitte die Ware zurücknehmen?

14b 1. Die Batterie könnte leer sein. 2. Der Auslöser könnte defekt sein. 3. Der Zoom könnte nicht richtig eingestellt sein. 4. Die Speicherkarte könnte nicht eingelegt worden sein.

14c 1. Hätte ich doch bloß eine andere Kamera gekauft! 2. Hätte ich doch bloß die Speicherkarte nicht verloren! 3. Wäre ich doch bloß in ein anderes Geschäft gegangen! 4. Hätte ich doch bloß die Kamera nicht verliehen! 5. Wäre ich doch bloß beim Einkaufen nicht so spontan gewesen! 6. Hätte ich doch bloß auf den Verkäufer gehört!

15 1. Dürfte, 2. hätte, 3. kann, 4. Könnten/Würden, 5. Hätte, 6. könnte, 7. würde, 8. Wären, 9. könnte/kann, 10. Könnten/Würden, 11. Hätten, 12. wäre, 13. Könnten/Würden, 14. können, 15. Könnten/Würden

Wortschatz-Hitparade

16 1. besorgen, 2. Geldautomaten, 3. abzuheben, 4. Klappschirm, 5. umtauschen, 6. Fernbedienung, 7. bestellt, 8. Händler, 9. abholen, 10. Kaufhaus, 11. Angebote, 12. Schnäppchen; 13. Wäscheklammern

17 2. die Anzahlung, 3. die Ausgabe, 4. die Bestellung, 5. die Besorgung, 6. die Bezahlung, 5. der Hinweis, 6. die Investition, 7. der Umtausch, 8. der Verzicht

Kapitel 9   Endlich Urlaub

1a 1. Campingreise, 2. Wellnessreise, 3. Forschungsreise, 4. Pauschalreise, 5. Geschäftsreise, 6. Städtereise

1b *die Campingreise:* die Natur, der Schlafsack, die Tankstelle, die Wanderung, der Wohnwagen, das Zelt
die Geschäftsreise: der Aktenkoffer, beruflich, der Geschäftspartner, der Job, das Meeting, der Terminkalender
die Städtereise: besichtigen, der Einkaufsbummel, die Führung, die Kultur, der Last-Minute-Trip, der Szeneführer

2 1. e, 2. c, 3. a, 4. g, 5. f, 6. h, 7. b, 8. j, 9. i, 10. d

3a die Begeisterung, die Erfahrung, das Engagement, die Erholung, die Kooperation, die Organisation, die Teilnahme, die Unterstützung begeistern, erfahren, sich engagieren, sich erholen, kooperieren, organisieren, teilnehmen, unterstützen

4 1. b, 2. b, 3. b, 4. a, 5. b

5 1. e, 2. d, 3. b, 4. c, 5. a, 6. h, 7. f, 8. g

6a 1. b, kaum; 2. b, völlig; 3. c, vorstellen; 4. a, sehe; 5. c, übertrieben; 6. a, stimme; 7. a, vorstellen; 8. b, Zweifel

7 1. Guten Tag. Ich möchte ein Zimmer buchen/reservieren. 2. Wir sind zu zweit./Ich reise alleine. 3. Ich reise am … an. 4. Ich brauche ein Zimmer für … Nächte. 5. Was kostet das Zimmer? 6. Haben Sie (k)ein preisgünstigeres Zimmer? 7. Dann nehme ich das. 8. Mein Name ist … 9. Nein, danke. /Ja, bitte senden Sie mir eine Bestätigung. 10. Danke für Ihre Hilfe.

8a 1. als, 2. bevor, 3. nachdem, 4. solange, 5. während, 6. wenn

8b 1. Während ich auf Weltreise bin, mache ich viele Fotos. 2. Während ich am Strand liege, lese ich gern ein Buch. 3. Während ich ins Museum gehe, macht meine Freundin einen Einkaufsbummel.

8c 1. Bevor ich ein Hotel buche, lese ich die Hotelempfehlungen im Internet. 2. Bevor ich in Campingurlaub fahre, gebe ich das Auto in die Werkstatt. 3. Bevor ich den Koffer packe, mache ich eine Checkliste.

8d 1. Ich reiste zwei Monate nach Ecuador, nachdem ich Abitur gemacht hatte. 2. Ich schrieb mich ins Studienfach Lateinamerikanistik ein, nachdem ich aus Ecuador zurückgekommen war. 3. In Ecuador nahm ich an einem Workcamp teil, nachdem ich zwei Semester studiert hatte.

9 1. seit, 2. bis, 3. bis, 4. seit, 5. seit, 6. seit, 7. bis, 8. seit

10 1. a, 2. a, 3. b, 4. b

11a 1. ab, 2. an, 3. bis, 4. für, 5. in, 6. innerhalb, 7. nach, 8. seit, 9. über, 10. vor

11b *mit Akkusativ:* bis, für, über; *mit Dativ:* ab, an, bis (zu), in, nach, seit, vor, *mit Genitiv:* innerhalb

11c *Zeitpunkt:* an, in, nach, vor; *Zeitdauer:* ab, bis, für, innerhalb, seit, über

11d 1. im, 2. in, 3. in, 4. am, 5. im, 6. –, 7. an, 8. im, 9. –

11e 1. dem, 2. der, 3. den, 4. der, 5. des/eines, 6, der/einer, 7. dem/einem, 8. einen, 9. des

11f 1. Vor dem Abflug war ich ganz nervös. 2. Während des Fluges …, 3. Nach der Landung …, 4. Nach dem Mittagsschlaf …, 5. Vor dem Essen …, 6. Während des Strandspaziergangs …, 7. Vor unserem ersten Ausflug …

12 1. c, 2. b, 3. b, 4. a, 5. c, 6. b, 7. b, 8. a, 9. b, 10. b, 11. c, 12. a, 13. a, 14. a, 15. a

Wortschatz-Hitparade

13 1. Hotelbewertung, 2. Prospekt, 3. Schlafsack, 4. Nebel, 5. Fernweh, 6. packen, 7. preisgünstig, 8. Reeder, 9. landet; Lösungswort: Wohnwagen

14 bis: bald, demnächst, heute Abend, nächstes Jahr, nächste Woche, morgen früh, übermorgen, Weihnachten, zum Wochenende

Kapitel 10   Natürlich Natur!

1 1. die Erderwärmung, 2. der Frost, 3. das Glatteis, 4. das Gewitter, 5. die Hitze, 6. der Nebel, 7. der Niederschlag, 8. der Regen, 9. der Sturm, 10. die Trockenheit, 11. das Wetter, 12. die Wolke

		G	L	A	T	T	E	I	S		W				
T							E		F						
R				G	E	W	I	T	T	E	R				
O							T		O						
C							E		S	W					
K					R	S	T	U	R	M	T	O			
E			N	I	E	D	E	R	S	C	H	L	A	G	
N				G								K			
H		N	E	B	E	L						E			
E				N											
I		H	I	T	Z	E									
T	E	R	D	E	R	W	Ä	R	M	U	N	G			

2 1. der Bach, 2. das Gebirge, 3. die Höhle, 4. der Hügel, 5. die Insel, 6. die Küste, 7. das Meer, 8. der See, 9. der Strand, 10. der Wald, 11. die Wiese, 12. die Wüste

3 das Umweltbewusstsein, umweltfreundlich, umweltschädlich, der Umweltschutz, die Umweltverschmutzung, die Umweltzerstörung

4 1. j, 2. f, 3. i, 4. c, 5. d, 6. g, 7. e, 8. b, 9. a, 10. h

5a 1. Ein-Personen-Haushalt, 2. die Gegenmaßnahme; 3. innovativ, 4. konsumorientiert, 5. mittelfristig, 6.ökologisch, 7. Ressourcen; 8. Verpackungsmüll, 9. Umwelt-Zeitbombe

5b 1. Wasser verschwenden, 2. Wälder abholzen, 3. Flüsse verschmutzen, 4. Müll produzieren, 5. Ressourcen verschwenden, 6. die Erde vergiften, 7. Wasserhähne tropfen lassen, 8. die Heizung nicht herunterdrehen

6 1. Hund, 2. Napf, 3. Hundefutter, 4. Tier, 5. tierlieb, 6. Anschaffungskosten, 7. Hundesteuer, 8. Leine, 9. Tierquälerei

8a 1. Aspekt; 2. Problem; 3. Problem; 4. Aspekt; 5. Aspekte; 6. Problem; 7. Problem, Aspekte; 8. Aspekt

9 1. a Da muss ich kurz einhaken. 2. b Augenblick noch. Ich bin gleich fertig. 3. b Lassen Sie mich bitte ausreden. 4. a Entschuldigen Sie, wenn ich Sie unterbreche … 5. b Lassen Sie mich den Gedanken noch zu Ende bringen. 6. b Ich möchte nur noch eines sagen … 7. a Ich möchte etwas dazu ergänzen. 8. a Dürfte ich dazu auch etwas sagen?

10 2, 3, 7, 9, 10

11 1. c, 2. b, 3. d, 4. a, 5. c, 6. d, 7. c, 8. d, 9. b

12a

	Präsens	Präteritum	Perfekt
ich	werde	wurde	bin geworden
du	wirst	wurdest	bist geworden
er/sie/es	wird	wurde	ist geworden
wir	werden	wurden	sind geworden
ihr	werdet	wurdet	seid geworden
sie/Sie	werden	wurden	sind geworden

12b 1. Vollverb mit der Bedeutung: sich zu etwas entwickeln, 2. Vollverb mit der Bedeutung: in einen bestimmten Zustand kommen, eine bestimmte Eigenschaft bekommen, 3. Hilfsverb zur Bildung des Futurs, 4. Hilfsverb, um eine Anweisung zu geben, Alternative zum Imperativ; 5. Hilfsverb, um eine Vermutung auszudrücken; 6. Hilfsverb zur Bildung des Passivs

12c 1. b, 2. b, 3. a, 4. b, 5. a, 6. b

13a 1. 1972 wurde in Stockholm die erste Umweltkonferenz abgehalten. 2. In den 70er-Jahren wurde in Deutschland zum ersten Mal massiv gegen Atomkraftwerke protestiert. 3. 1980 wurde in Deutschland die erste ökologische Partei gegründet. 4. Schon 1978 wurde mit dem Motto „Jute statt Plastik" auf das Problem des Plastikmülls aufmerksam gemacht. 5. In den 80er-Jahren wurde zum ersten Mal öffentlich über das Thema Waldsterben debattiert. 6. 2009 wurde Saarbrücken zur ersten Fairtrade-Stadt Deutschlands ernannt.

13b 1. Schon beim Bau des Hauses muss auf gute Wärmeisolierung geachtet werden. 2. Und in der Küche sollte am besten auch gleich ein Induktionsherd eingebaut werden. 3. Trotzdem müssen/sollten beim Kochen immer die Töpfe abgedeckt werden. 4. Wasserhähne müssen/sollten unbedingt zugedreht werden! 5. Schmutzwasser ohne Seifenreste könnte/sollte zum Blumengießen wiederverwendet werden.

13c 1. b, 2. a, 3. b, 4. a, 5. a, 6. b, 7. b, 8. b, 9. b, 10. b, 11. a, 12. a, 13. a, 14. b, 15. b, 16. b

14a 1a Wo? b Wohin? 2. Wechselpräpositionen stehen manchmal mit Dativ (Position), manchmal mit Akkusativ (Richtung, Ortswechsel).

Lösungen

14b ab, an, auf, aus, bei, bis, durch, entlang, gegen, gegenüber, hinter, in, innerhalb, nach, neben, über, unter, von, vor, zwischen
mit Akkusativ: bis, durch, gegen, entlang (bei Nachstellung)
mit Dativ: ab, aus, bei, entlang, gegenüber, nach (meist mit Nullartikel), von
mit Genitiv: innerhalb
mit Akkusativ und Dativ: an, auf, hinter, in, neben, über, unter, vor, zwischen

14c hinter dem Berg, vor dem Berg, am Fluss, im Fluss, vor der Brücke, auf der Brücke

15a 1. b, 2. c, 3. d, 4. e, 5. a, 6. g, 7. f

15b 1. in, 2. auf, 3. in, 4. durch, 5. in, 7. auf, 8. über, 9. in, 10. entlang

16 1. a, 2. b, 3. a, 4. a, 5. b, 6. b, 7. b, 8. b, 9. b, 10. b

17 1. auf > in, an > in, 2. über > durch, über > durch, 3. in > durch, 4. entlang dem > über den, 5. Inmitten des Rheins > entlang dem Rhein, über > auf, unter > bei, 6. am > im, 7. über den > im, 8. Jenseits des Rheins > Entlang dem Rhein, um den > am, 9. Am > Im

Wortschatz-Hitparade

18 1. das Umweltbewusstsein, 2. umweltfreundlich, 3. das Umweltgift, 4. die Umweltkatastrophe, 5. umweltschädlich, 6. der Umweltschutz, 7. die Umweltpolitik, das Umweltproblem, die Umweltverschmutzung, die Umweltwissenschaft

19 *Positiv:* der Fair-Trade-Laden, der Feuchtbiotop, die Grünbrücke, der Induktionsherd, die Jute, das Passivhaus, die Sonnenenergie, die Wärmedämmung
Negativ: das Atomkraftwerk, die Erderwärmung, die Trockenheit, die Umweltkatastrophe, das Waldsterben, der Wasserverbrauch

Wichtig für mich